JEANNIE PAR LONGO

JEANNIE LONGO

JEANNIE PAR LONGO

COLLECTION
DOCUMENTS

le
cherche
midi

23, rue du Cherche-Midi, 75006 Paris

Vous pouvez consulter notre catalogue général et l'annonce
de nos prochaines parutions sur notre site Internet :
cherche-midi.com

À mon gentil Riri joli,
Mon fiston qui, d'un ronron,
Me faisait tourner rond.
Ma figure enfouie dans ton poil souple,
Je rêvais d'un monde léger et sans malice,
Tout en douceur, à ton image,
Mon joli Riri gentil.

J'aime réfléchir, me poser et regarder la mer

À rebours de l'image que l'on peut avoir de moi, je suis une authentique pessimiste. Je suis même, pourrait-on dire, extrêmement pessimiste. C'est dur, mais je suis toujours ainsi. C'est comme ça... comme si je jouais contre un mur. D'ailleurs, quand je jouais au tennis, j'adorais « faire du mur ». Un mur qu'on cogne afin de le repousser – ne serait-ce que pour voir l'envers du décor ! Donc, je suis aussi une battante. Bref, c'est compliqué.

Souvent, je me dis que je n'ai pas le droit d'être sombre. Avec l'âge, cependant, je commence à devenir nostalgique. J'aime rire, malgré tout. Je suis contradictoire. D'un côté, je suis hyperactive et, de l'autre, contemplative. J'aime réfléchir, me poser et regarder la mer (ce qui est rare), les montagnes ou la vallée.

Je vis dans l'instant présent. Demain ne m'intéresse pas forcément. J'ai du mal à me projeter. J'ai peur du lendemain, du futur qu'on est en train de peaufiner avec l'informatique et les fichiers : trop de règlements, peu de liberté. Je n'ai pas envie de connaître la suite. J'ai eu une carrière assez longue et pourtant, en 1980 (ma deuxième année de compétition), j'ai voulu arrêter. « Je ne veux pas finir "vieillarde" sur un vélo ! » avais-je déclaré à Sallanches, après ma déconvenue aux championnats du monde. Chaque année, j'ai l'impression que c'est la dernière. J'ai arrêté le cyclisme en 1989, mais, en fait… je n'ai pas véritablement réussi à stopper ma carrière. Je suis toujours en *deadline* dans une situation sans avenir « projeté ». J'ai peur des choses qui se passent et qui vont se passer. Entre 30 et 40 ans, j'avais l'assurance d'une femme mûre et la fraîcheur d'une étudiante. C'est extraordinaire. C'est l'âge des décisions où les années ne sont plus des barrières et pas encore des limites.

Le moral, aujourd'hui, je me dois de l'avoir – ne serait-ce que pour le livrer aux autres. Et il y a de la demande !

Je suis une grande nostalgique. Quand on dit cela, on pense au passé. Moi, dès mon adolescence, je me posais face aux montagnes avec une cigarette à la main (une tous les deux jours) et je laissais aller vagabonder mes pensées « mineures » au son des *Suites pour violoncelle seul* de Bach.

La musique classique m'a permis, depuis mon adolescence, cette évasion vitale. À l'écoute de certains concertos pour piano ou violon, d'une voix ou de la polyphonie d'un chœur tonitruant dans l'interprétation d'un requiem, je m'abandonne. Je peux pleurer. Lorsque je jouais (pas trop mal) du piano, je me transposais littéralement dans l'interprétation du morceau. On tire un son d'une touche avec toute son âme. Chez J. S. Bach, la logique des phrasés et ce côté « mathématique » des fugues m'attirent. Le mode mineur me déchire. Alors que la « majeure » partie de Mozart me divertit, sans grande émotion toutefois, si ce n'est son splendide *Requiem*. Chopin en rajoute... virtuosité, rapidité... fouillis peut-être un peu. Liszt représentait pour moi le sadique du clavier : les chromatiques à monter et descendre, que c'était difficile ! Beethoven, c'est du solide, de la méthode et du corps, je maîtrisais bien toutes les grandes sonates. J'ai adopté Debussy (fruité, fleuri et romantique...), parce que ma mère en jouait beaucoup. E. Satie venait comme une récréation.

La pratique du piano n'est pas sans rapport avec le sport : il existe cette même sensation d'abandon dans l'effort maximum, cet oubli de soi dans la plus grande maîtrise. Dans le surpassement, on sait mal qui commande quoi, si le corps agit seul, machinalement dans l'inconscient, ou si l'esprit est alors l'unique chef d'orchestre.

Le moral, je l'avais quand j'étais petite. Mon prix de sourire à l'école reflétait l'image d'une gamine heureuse qui n'a pas côtoyé la dureté d'un monde imprévisible et sans concession. Aujourd'hui, nous sommes en quasi-permanence maintenus dans l'inquiétude. Affaiblis, je suis convaincue que nous sommes plus facilement maîtrisables. Paradoxalement, la méfiance et la suspicion dont nous faisons tous l'objet sont les engrais du vaste champ de la tromperie.

Mon caractère a fait la légende

Je pense que je représente quelque chose pour les Français. Je suis consciente de mon rôle et puis on me le dit, on m'en fait part. Oui, j'ai un rôle à jouer actuellement – un juste retour pour ce public qui m'a encouragée, portée, défendue, et peut-être un peu aimée aussi... Un sportif de haut niveau joue d'ailleurs plusieurs rôles. On lui demande beaucoup – d'être un modèle, déjà. Je ne sais pas s'ils peuvent tous assurer, assumer ce rôle de modèle. C'est un peu lourd. Un gamin, un « footeux » qu'on est allé chercher je ne sais où, va-t-il devenir un modèle de société ? C'est quand même trop lui demander. Qu'il soit bon avec un ballon, ça va ! Et pourquoi les autres ne sont-ils pas des modèles ? Les hommes politiques, les chefs d'entreprise ? Pourquoi le sportif de haut niveau serait-il, seul, un modèle, un archétype ? Tout cela est falsifié, d'une certaine façon. En revanche, un sportif de haut niveau est un « canalisateur » d'énergie. Les gamins s'identifient à leurs champions, c'est plutôt bien. Il y a de plus en plus de petits handballeurs, et il risque d'y avoir des biathlètes dans les années à venir. Si j'ai pu inciter (inspirer) des petites gamines à faire du vélo, c'est heureux. Les sportifs ont un grand cœur ; énormément sollicités par toutes les causes humanitaires, ils répondent souvent présents.

Ma carrière fut tellement longue que j'ai traversé plusieurs périodes. La période du maillot jaune, où j'étais vraiment considérée comme une sportive en scène, la valeur sûre que les Français soutenaient, était forte émotionnellement. Mon caractère a fait la légende. J'étais la fille qui était toujours là. Plus tard, la championne olympique, enfin ! Et puis : « Qu'est-ce qu'elle fait encore à 40 ans, celle-là ? » Cette question a commencé à me complexer. Quand on est dans le sport, on a cette curieuse impression de ne pas appartenir au marché du travail. Et tout poussait à me faire croire que je n'avais jamais travaillé, que je ne savais pas ce que c'était d'aller au boulot – en marge de ce monde de labeur.

Je tiens le coup peut-être uniquement parce que, très souvent, les gens disent que je suis extraordinaire alors que je suis quelqu'un de tout à fait normal. Je pleure, je ris, j'ai des soucis, je vais faire le marché. Il n'y a rien de plus ordinaire que moi. Je n'ai rien d'« extraordinaire » mais je suis un peu « hors norme ». Des gens extraordinaires, il y en a plein la planète. Des femmes qui ont trois gamins, qui vont au boulot le matin, qui rentrent le soir et arrivent à tout concilier. Je trouve que ça, c'est extraordinaire. Je n'arriverais pas à le faire. Il est capital de remettre les choses dans l'ordre.

J'ai ma propre « théorie de la relativité » : il n'y a pas d'êtres supérieurs aux autres. Ce sont les actes qui élèvent l'individu – peu importe d'ailleurs que ces actes soient médiatisés ou pas. C'est cette conception des choses qui m'a aidée à rester humble et, comme on me le dit souvent, simple.

Aujourd'hui, ce sont les autres qui me poussent. Par « les autres », j'entends la population qui est là quand je cours, qui m'encourage, qui me félicite et qui est heureuse quand je gagne. Les gens sont contents que je sois toujours là à plus de 50 ans. Je leur renvoie une image à contre-courant... Bref, il reste que j'ai davantage de liberté aujourd'hui parce que je pense n'avoir jamais été aussi détachée de la sélection et du résultat... bien que je n'aime toujours pas perdre, comme je déteste toujours faire une mauvaise course. Mais ce n'est plus aussi déterminant qu'avant.

On considère le sportif de haut niveau comme en marge de la société parce qu'il est axé sur son corps et les performances de celui-ci. On le croit égotiste, égocentrique, autocentré. Je pense que c'est faux d'autant plus que, avec la maturité et l'expérience, on donne plus et on partage mieux. Pour ma part, j'aime communiquer avec le public. On sait très bien qu'un sportif gagne, perd et pleure. Il apporte des émotions aux gens. On n'est pas forcément égoïstes. On fait, au fond, beaucoup plus qu'un individu lambda qui pense simplement à ses petites vacances et à sa nouvelle voiture.

Je n'ai jamais été atteinte par la « championnite ». J'ai bien vécu ma période médiatique. L'avantage, c'est que j'avais déjà 30 ans, une petite expérience. J'ai toujours eu un entourage extrêmement sain. Mes parents étaient, évidemment, fiers de moi. Si j'appelle mon père pour le prévenir que je vais passer à la télé ou à la radio, en lui précisant le nom de l'émission et l'horaire, les trois quarts du temps, il oublie, et puis il avoue qu'il préfère me voir en vrai. Ma mère allait généralement à la piscine de midi à 14 heures pour éviter la cohue et quand je gagnais, la veille ou le matin, elle parlait plus qu'elle ne se baignait, recevant les félicitations de tout Saint-Gervais et aussi des touristes. Elle était extrêmement contente. Ce qui ne l'empêchait pas, elle, l'instructrice, de me mettre une baffe – j'exagère – même à 40 ans. L'argument facile pour blesser un champion, c'est de lui dire : « Toi, champion, tu as pris la grosse tête. » Il faut arguer que mon comportement atypique est aussitôt considéré comme de la prétention : « Ce n'est pas parce que vous êtes Jeannie Longo... » Mince, à la fin, JE SUIS JEANNIE LONGO ! Comme je le soulignais, je ne me suis jamais prise pour une star grâce à mon éducation. Ma famille n'aurait pas supporté que je disjoncte. Je pense que j'ai essayé de rester à peu près normale malgré la médiatisation, l'exposition qui fut la mienne pendant toute une période ; j'ai voulu conserver mon jardin sauvage, je l'ai préservé. J'étais assez jeune relativement, j'avais l'impression d'être une gamine alors que j'avais déjà 30 ans. Dans un sens, ces honneurs et ces moments privilégiés m'ont plu. J'ai fait des choses que j'aimais, je l'ai vécu comme une expérience. J'avais de la chance. Être reçue par des gens, par les « grands » dans des palais, des monuments historiques et de chic demeures décorées ostensiblement... J'ai considéré ça comme quelque chose d'unique, tout le monde n'a pas la chance de le vivre. Mais je gardais la tête sur les épaules et le nez dans le guidon. J'étais dedans. J'ai vécu pleinement ce « jeu », j'ai connu des gens dits « importants », des érudits, des scientifiques, des penseurs... J'étais fière, j'étais contente tout en sachant ce que c'était. Je restais lucide. Je n'ai jamais été la dupe d'un système, loin s'en faut. Je demeurais détachée, sachant que c'était éphémère et provisoire. Du jour au lendemain, on peut ne plus être connu ni invité. Je n'ai jamais aimé les gens qui étaient ensemble parce qu'ils étaient connus – le « parisianisme » pur et trouble. Les gens sortent ensemble et vont dans des endroits branchés. C'est du relationnel. Il n'y a rien de plus faux. Je n'ai pas participé à ça, je ne suis pas rentrée « là-dedans ». Je restais en retrait. Pour moi les paillettes, c'est marrant ; il faut juste savoir que ce ne sont que... des paillettes. Du sucre glace qui cache le gâteau !

Je n'ai jamais voulu être un maillon de plus d'une chaîne en toc !

J'ai mûri, j'ai évidemment beaucoup plus de « philosophie » et de recul avec le temps. Autant j'ai eu des articles très acerbes parce qu'on me considérait comme une fille très pénible, très prétentieuse, très égoïste, très exigeante, très tout... enfin... autant après, avec l'expérience, je me suis peut-être dévoilée davantage, dans le bon sens, j'ai su livrer des bribes de ma personnalité afin de me laisser découvrir, approcher – j'étais plutôt raide par méfiance et par crainte : ne pas entrouvrir la porte de mes pensées secrètes. Se dévoiler demande de la maîtrise et de la force parce qu'il faut pouvoir en assurer les interprétations. J'ai eu des retours beaucoup plus positifs dans la presse en général.

Ce qui a augmenté ma popularité. Dans les premières années où je gagnais tout, j'étais présentée uniquement comme une sportive, plus tard comme une femme vieillissante, « mûrissante ». Au début, le regard que la presse portait sur moi était technique et très dur, « un regard de mâle sur une femelle » ! L'attitude d'une femme est souvent interprétée négativement.

Maintenant, l'engagement fait partie de ma vie. Je suis très contradictoire comme je l'ai dit, j'ai beaucoup de mal à me projeter dans l'avenir et je suis une pessimiste impénitente mais je crois, en revanche, que je suis capable de donner beaucoup d'optimisme, l'énergie de la relance. Je n'aime pas voir les gens malheureux. J'aime bien leur remonter le moral : « You make my day[1] », comme disent les Américains ! Quand je vais à l'hôpital pour faire une visite ou quand je passe un coup de téléphone, je me rends compte qu'en leur parlant, en les faisant rire, les gens se relâchent et se sentent mieux. Si j'invite une copine à la maison, quand

1. « Ma journée est réussie. »

elle part, sa pile est rechargée. Ensuite, j'ai l'impression d'être « vidée ». Quant à moi, j'insiste (mais cela importe-t-il, au fond ?), je fais montre d'un pessimisme total sur l'évolution des choses, sur mon avenir, sur la société.

La légende sur mon caractère : bien sûr, j'ai toujours dit ce que j'avais à dire. La soumission engendre pour moi l'humiliation et tout ce qui me semble faux, tronqué, arrangé me pousse à la révolte. Je suis directe, j'aime la franchise parce qu'elle évite souvent la perte de temps et le gâchis. La vérité finit presque toujours par remonter à la surface comme un corps noyé qu'on aurait préféré à jamais sous l'eau – pour ne pas revenir sur des faits trop pénibles. Être du côté de la vérité demande du courage. On prend son élan et on lance un refus, une pensée contraire... Il est plus aisé d'acquiescer ou de flatter pour éviter d'être dénigré, mal apprécié et catalogué. L'opposition demande beaucoup d'énergie : c'est usant, lassant. On m'a souvent considérée comme une battante qui puisait sa motivation dans le conflit dont elle se nourrissait. Je reconnais que les défis sont des catalyseurs mais encaisser des ondes de stress, des décharges de stress trop fréquemment, ronge.

J'ai toujours voulu être libre avec ce courage qui m'a permis d'être indépendante devant le pouvoir – lorsqu'il éteint la flamme.

Cycliste : mon métier à temps complet

Je n'ai jamais considéré que je travaillais en faisant du vélo, même à haut niveau, et pourtant...

Si on demande à un gamin ce qu'il veut faire plus tard, il répond : footballeur professionnel. Quand on associe métier avec gains, footballeur devient un métier. Mais un sportif de haut niveau, généralement, a une carrière à court terme ou à moyen terme. C'est contradictoire avec la notion de métier qu'on avait avant et qui commence à disparaître. Peut-être que c'est souvent pour cette raison que cette question m'énerve : « Quand est-ce que vous allez arrêter ? » C'est-à-dire, clairement : « Quand est-ce que vous allez commencer à faire quelque chose, à cesser de vous amuser ? Quand allez-vous enfin rentrer dans la vie active ? » Alors que ça fait trente ans que je suis dans la vie active ! J'étais étudiante d'abord, après j'ai géré ma carrière complètement. C'est un travail d'agent de voyages, de responsable du marketing, d'entraîneur, de nutritionniste, de naturopathe, de chercheur, d'attachée de presse, etc. Tout cela représente un métier plein. Et, de surcroît, je suis professeur de sport. Aujourd'hui, j'anime des conférences sur la nutrition, la longévité dans le sport. Je me passionne pour ce que j'appelle le « profilage » : discuter avec ceux qui me contactent et tenter de les aider à rétablir leur déficit émotionnel et physiologique.

Quand je suis arrivée dans le cyclisme, il n'y avait rien d'établi parce que les femmes n'existaient pas dans cette discipline, pratiquement pas. Petit à petit, j'ai fait évoluer ce milieu. J'ai appris au monde du cyclisme à négocier avec des femmes. J'ai fait des dossiers, contacté des marques, je me suis fait équiper. J'ai eu des sponsors. Maintenant, avec la crise, ils équipent au compte-gouttes sans donner d'argent, mais c'est une autre affaire. À l'époque, quand il y avait le Tour de France, je négociais. J'ai pratiquement acheté tout mon matériel parce que je voulais être indépendante. Je ne voulais rendre de comptes à personne ! J'avais encore plus de liberté parce qu'une marque peut vous obliger à certaines choses, comme à des courses particulières ou un certain matériel. Par exemple, si vous négociez un vélo complet, on peut vous imposer des pneus alors que vous voulez des boyaux, tel cadre alors qu'il ne vous convient pas. Ainsi, je suis devenue complètement indépendante. Il y a évidemment certaines marques qui veulent bien m'équiper parce qu'elles ont un bon retour sur image ; si d'autres marques refusent de me donner du matériel alors même que celui-ci m'intéresse, je l'achète et j'enlève la marque. J'ai un vélo marqué Jeannie Longo et j'ai un métier à temps complet !

Il n'a jamais été question de faire du vélo pour gagner ma vie. C'est arrivé par hasard. Évidemment, après le Tour de France, j'ai gagné une voiture, j'ai eu des contrats. C'est sûr que fin 1989, en faisant l'addition, je me suis dit que j'avais gagné de l'argent et notamment avec les courses aux États-Unis à la fin des années 1980. Il y avait des primes. Si on faisait le Tour du Colorado, on gagnait entre 2000 et 2500 dollars. Cette somme ferait sourire un tennisman. Il pourrait me rire au nez. Mais, pour une gamine de 25 ans, c'était drôlement bien. Et puis on se prend au jeu. Des primes de 100 dollars. Le speaker qui pousse des cris et les gens debout, exaltés. J'aimais bien le côté un peu cabotin dans le vélo et, en particulier, aux États-Unis. C'est là que j'ai vu le côté théâtral du sport et l'échange avec le public.

À la base, j'ai fait mes études de gestion pour reprendre éventuellement l'entreprise de mon père. Je trouvais que c'était bien de travailler avec lui. Là aussi, c'était un pari, parce que les femmes, dans les travaux publics, n'étaient pas encore vraiment admises.

À mes débuts, en remportant une course régionale, on gagnait 50 francs. Je ne vivais pas de ça, évidemment. J'étais étudiante et, comme tout étudiant, j'étais à la remorque de mes parents qui étaient mes premiers mécènes. Il faisait 12 °C dans mon appartement, des plafonds hauts de 3 mètres... J'avais un chauffage au gaz que j'allumais peu pour ne pas trop demander aux parents même s'ils pouvaient et surtout voulaient assurer notre avenir professionnel. L'hiver, je dormais avec trois pulls et une doudoune. J'économisais tout. Ensuite j'ai eu de la chance, la deuxième année, je crois. Un monsieur m'a abordée dans la rue, à la Toussaint : il y avait les Six Jours de Grenoble, événement très connu. Il m'a dit qu'il aimerait bien m'aider, et on est restés très liés. Ce monsieur avait une agence immobilière, Les Résidences de l'Opéra, et, tel un authentique mécène, il m'a donné 10 000 francs pour l'année. Ce qui est déjà une belle somme ; ça me permettait de payer tous les petits frais. J'ai marqué Les Résidences de l'Opéra sur mon maillot. Ensuite, j'ai eu RMO, et Marc Braillon, avec son agence de travail temporaire, m'a sponsorisée. Ma bouille leur plaisait, j'étais une enfant. Je tentais des records sur piste, au Vél' d'Hiv de Grenoble, sur les recommandations de Patrice, mon futur mari. Les cyclistes à l'époque s'arrêtaient fin octobre après la saison et puis reprenaient la route le 1er janvier. L'hiver, ils adoptaient toujours des petits braquets pour tourner les jambes. Patrice (mon mari) m'a dit que le mieux était de ne pas arrêter la saison et de continuer de travailler durant l'hiver.

Alors, je tentais des records de France d'abord pendant les Six Jours. L'hiver, je mettais du gros braquet et je faisais de la musculation. On faisait tout à l'envers, en somme. Patrice et moi tournions « aux balustrades », au sommet de la piste ; c'est plus dur qu'en bas. À l'époque, je faisais des choses différentes des autres. Notre démarche, surtout, était différente. Plus tard dans les années 1980, j'ai gagné trois Six Jours. Il y avait les Six Jours de Paris aussi. Je tentais et battais des records. Le public était euphorique : tout Bercy, 10 000 spectateurs sur les tables, les gens debout. C'était novateur de tenter un record officiel, en même temps que les Six Jours de Paris... Et puis, c'était un spectacle à part entière que j'offrais au public.

En 1984, l'année des jeux Olympiques de Los Angeles, pour la première fois de l'histoire, il y a eu du cyclisme féminin (première épreuve sur route). En même temps, il y a eu la première édition du Tour de France pour les femmes. Elles partaient une heure et demie, voire deux heures, avant les hommes. En 1984, le peloton n'était pas très étoffé, les meilleures étaient à Los Angeles et, dès 1985, j'étais présente. On faisait tous les cols. C'est là que mes jours de « gloire » sont arrivés. D'abord, j'étais routière sprinter parce que j'étais assez massive (en venant du ski). J'ai toujours eu, d'ailleurs, beaucoup de puissance que j'ai utilisée pour gagner au sprint. 1985-1986, j'étais maillot vert et deuxième du Tour de France. Je me faisais battre par une certaine Maria Canins, une Italienne qui portait le maillot jaune, et Patrice et moi avons décidé de le gagner. Donc, je me suis entraînée en montagne. J'ai commencé par perdre du poids. J'ai gagné le Tour de France en 1987, en 1988 et en 1989. Trois années de maillot jaune. C'était du délire. Pour le public, peu importait qu'il s'agisse d'un mec ou d'une fille, j'avais le maillot jaune. Je suis devenue une star. Tous les soirs, les gens de la profession, tout le monde connaissait mon histoire. J'ai donné un coup de poing à une Hollandaise qui m'avait « balancée » au sprint. Comme par hasard, c'était filmé. Cette petite Française qui a le maillot jaune... J'ai gagné avec Greg LeMond, Stephen Roche. J'ai descendu les Champs-Élysées, aller et retour, avec mon maillot jaune. Le président de la République était présent. Ce n'est pas que ça me rendait fière mais c'était impressionnant. Et puis si, j'en étais très fière ! Dans le col de l'Izoard, mon mari, qui avait pris quelques jours pour me rejoindre la dernière semaine, ouvrait grand les portières avant pour que je puisse voir le goudron. Je ne savais pas où je montais. La foule du mois de juillet était en délire. À partir de là, forcément, l'argent est venu. La petite Longo, on la veut. Les organisateurs me voulaient. On avait des critériums d'après Tour avec des contrats. Les marques tombaient. J'intéressais les marques, qui me proposaient de gros contrats. J'ai quand même bien vécu. À partir des années 1990, ils ont arrêté. En fait, j'ai arrêté le vélo fin 1989. Je continuais cependant à m'entraîner (je désirais maintenir mon niveau). J'entraînais les jeunes aussi. Je travaillais pour le comité régional de cyclisme. J'entraînais les femmes de la région et les garçons cadets et juniors. J'ai bien apprécié. J'ai fait partie de l'organisation du premier championnat de France des jeunes. Ça faisait beaucoup de travail mais, dès que j'avais une seconde de libre, je prenais mon vélo.

En somme, je n'arrive pas à expliquer aux gens que je travaille autrement. Les journalistes me demandent sans cesse quand est-ce que je vais arrêter le vélo, ce que je vais bien pouvoir faire ensuite. Tout se passe comme si je n'avais jamais travaillé ! C'est très « complexant », au final. J'avais un entraîneur, certes, mon mari, mais j'étais mon agent, je m'occupais de la logistique, il n'y avait pas l'informatique à l'époque. C'était quand même compliqué le sponsoring, la communication... J'ai tout fait. J'ai eu pendant deux ans, un agent, Proserv, qui était spécialisé dans le tennis. En fait, Fred, un ami texan, lequel, en bon Texan, ne doute de rien, me dit que, étant maintenant une championne du monde, il me faut le « meilleur agent du monde » (avec les Texans, il faut toujours le meilleur du monde...). Il a passé quelques coups de téléphone et m'a pris un rendez-vous avec Washington Proserv. Et ça tombait bien parce qu'ils venaient d'ouvrir une antenne à Paris, mais ils ne connaissaient absolument pas le monde du vélo. Je les ai introduits dans ce domaine. Ils n'ont pas tenu très longtemps à Paris. En fait, ils étaient des concurrents de McCormack. Ils m'ont décroché de gros contrats et m'ont aidée à monter la première équipe professionnelle féminine Euromarché. J'ai couru avec eux de 1987 à 1989. J'ai fait le Tour de France avec Euromarché. Grâce à eux, j'ai pu salarier les filles et leur donner des primes. C'était le premier groupe sportif féminin. J'étais pratiquement manager. Patrice était pris, avec son métier d'entraîneur de ski, dix mois sur douze. Pendant ses moments de liberté, en bénévole, il entraînait les filles, leur fournissait des plans d'entraînement, s'occupait de leur matériel, montait les vélos dans le garage. Je commandais le matériel et je négociais les contrats.

C'est très frustrant d'avoir l'image de celle qui n'a jamais « travaillé ». En fait, je mérite largement ma retraite.

Haute enfance

J'avais des parents sportifs, ils se sont connus sur un stade. Mon père a toujours aimé le sport. Ma mère a fait le Creps (centre régional d'éducation populaire et de sport), elle était institutrice et professeur de gymnastique. Elle possédait un esprit de compétition que n'avait pas mon père. Lui, il n'aime pas être jugé. Ma mère avait davantage « l'esprit de rigueur ». J'ai dû « voler » des choses aux deux. C'est ce qui m'a forgée.

Toute jeune, le week-end, le programme, c'était généralement la marche ou le ski. J'ai toujours vu mes parents nous pousser à faire du sport. C'étaient les loisirs. Toute petite, je me promenais sur le vélo de maman parce que nous n'avions pas les moyens de locomotion actuels. Nous étions trois filles. Moi, j'étais sur le porte-bagages. Avec son travail, mon père avait des disponibilités l'hiver mais pas l'été. Il nous accompagnait quand il pouvait le dimanche et, en semaine, à la sortie de son travail. C'est-à-dire qu'il passait me prendre à la sortie de l'école, l'hiver, à 11 h 30 – l'été, entre 11 h 30 et 13 h 30, c'était la piscine –, nous allions faire de la luge ou du ski et mangions nos sandwichs. Ma mère préparait les petits pains au lait. J'étais déjà très volontaire, relativement douée mais surtout volontaire. J'aimais déjà me fixer des objectifs. Quand mon père garait la voiture au pied des chemins, je partais en courant dans la montagne et je faisais tout pour qu'il ne me rejoigne pas. Parfois, il s'inquiétait parce qu'il y avait des fourches. Il demandait aux gens si on n'avait pas vu sa petite fille.

J'ai deux sœurs. Ma sœur cadette était en équipe de France de ski alpin. Après, elle s'est lancée dans le ski de fond. Elle est professeur et anime une classe montagne qui participe à des balades éducatives... Ma sœur aînée, trop émotive, a peur de la sanction et perd tous ses moyens face aux examinateurs : la compétition ne lui convenait pas. Malgré tout, elle lançait le disque, le poids, le javelot et elle faisait du ski. Et puis, là encore, c'est une fille solide. J'ai toujours pensé qu'il y avait une mémoire du corps et qu'il fallait faire très attention. Ma mère nous disait déjà qu'il fallait faire attention à ce qu'on donnait aux gamins, à ce qu'on faisait avec son corps. C'est déterminant. Tout ce que nous faisons dans la vie s'accumule et s'enregistre dans un disque dur. Qu'il s'agisse de l'alimentation, de l'hygiène de vie... tout. Ma mère avait des principes très sains. Évidemment, à l'époque, les petits pots existaient déjà. Elle nous a toujours fait des plats moulinés. Petites, nous avons toujours mangé très sainement. Le corps enregistre tout.

Enfant, je faisais du vélo pour me rendre à l'école comme tous les gamins. Nous avions des vélos et allions dans les champs. On rigolait avec les copains et les copines. Quand j'allais à l'école, je me chronométrais pour aller le plus vite possible. D'abord, j'étais toujours en retard mais c'est vrai que j'allais le plus vite possible. Après, j'ai fait des « coursettes », et ça m'a plu, mais c'était uniquement l'été parce que j'étais skieuse. Je suis une fille de haute montagne, de la Haute-Savoie, de Saint-Gervais. Ma sœur Raphaëlle est entrée en équipe de France et c'est vrai que j'ambitionnais de marcher sur ses traces. J'ai été championne de France scolaire de ski alpin et j'ai été championne de France universitaire plusieurs fois. En ski, à l'époque, 15 ans, c'était un âge limite. J'étais déjà trop vieille ! Je n'étais pas suffisamment forte, je n'étais pas la première pour être sélectionnée. Certes, je n'étais pas trop mal, mais j'avais 15 ans, on ne m'a donc pas recrutée. Ensuite, je me suis beaucoup développée et j'ai fait d'excellents résultats, mais, plus tard, quand j'étais en équipe de France universitaire. À la base, mon ambition, c'était de devenir une skieuse.

Parallèlement, je courais déjà à vélo. J'avais 15 ans quand j'ai commencé à faire des petites courses pour me chronométrer, des « grimpées » – j'ai pris ma première licence seulement en 1979, je suis de 1958.

À partir de 1975-1976, avec le ski, j'avais déjà commencé à mettre en place une vraie discipline parce que la rencontre avec l'homme qui deviendra mon mari fut déterminante. Il a exacerbé cette chose-là que je tenais déjà par ma famille. J'ai rencontré pire que moi ! Faisant partie de l'équipe nationale de ski alpin, il avait une discipline de fer.

Je reviens à la mémoire du corps. Tout ce qu'on fait dans une journée peut influer sur votre objectif. C'est ça, la discipline. J'étais très appréciée par tous mes professeurs de gymnastique parce que je faisais du cross, je courais à pied, je faisais de l'athlétisme, etc. J'étais tout le temps volontaire. Plus c'était dur, et plus ça me plaisait. J'étais là pour monter des falaises, m'accrocher aux branches. J'étais déjà comme ça avant de connaître mon mari.

Avec le mental, l'encadrement doit suivre. On ne peut pas réussir tout seul, me semble-t-il. Je peux me tromper. Je dirais qu'il vaut mieux, peut-être, avoir à la base des qualités mentales que des qualités physiques parce que ce sont les premières qui vont aider à développer les secondes. J'ai toujours eu la volonté et le souci de bien faire, et c'est très important de ne pas baisser les bras pour continuer à s'entraîner et arriver petit à petit à cerner ce qu'il faut faire. Je tiens le souci de la perfection de ma mère. Mon père était un touche-à-tout, une sorte de professeur Nimbus – si ce nom parle encore à quelques-uns. Il a tendance à refuser spontanément de faire des choses très dures. Il n'aimait pas faire de la distance à vélo par exemple. Il partait une heure et ne se forçait pas à faire plus. Mon père est plus dilettante que ma mère. Elle était plus volontaire que lui. Les deux ont un côté fantaisiste, ce penchant qui consiste à «ne pas être comme les autres», à ne pas marcher droit. Ma mère se battait contre les moulins à vent. Mon père était un directeur d'entreprise en short. Ce côté fantaisiste est important. Pour moi, déterminant. Le souci de l'originalité pourrait bien représenter le fil rouge (ou noir!) de mon existence.

En réfléchissant, je m'aperçois que j'ai toujours cherché à m'évader: sortir des cours le plus vite possible, jusqu'à me placer au fond de la salle, près de la fenêtre, et la franchir subrepticement... M'évader d'une séance collective dans laquelle je «bouillais». En somme, je cherche sans cesse à me placer hors du cercle...

J'ai un besoin vital de plein air, de communion avec l'environnement. Oui, j'ai besoin d'air et d'exercice. À Paris, généralement, je décline poliment mes invitations à déjeuner. Entre deux rendez-vous, je préfère marcher, monter des escaliers, descendre des rues étroites – j'adopte toujours des chaussures souples à cet effet. Je me « dégote » un square, ensuite, dans lequel je m'assois pour savourer mon sandwich maison que je confectionne avec mon couteau suisse et mes achats vite effectués dans des échoppes de qualité. Quelques fourmis affairées qui se font la passe avec un morceau de couenne, un moineau ami et quémandeur ou un chat errant en mal de caresses sont les compagnons heureux de mon pique-nique. Je le suis aussi, heureuse, de ces petits riens quotidiens. En somme, posons-nous et faisons simple.

Un triomphe à deux

Personne n'a géré ma carrière : sauf mon mari et moi. Avec Patrice, je ne risquais pas de disjoncter. Il m'aurait tout de suite remise à ma place. C'était quand même la première personne qui était à mes côtés, ça n'a pas changé. Et puis parce que c'est lui l'entraîneur, il est très impliqué. Si j'ai gagné, c'est avec lui, grâce à lui. Un triomphe à deux !

En revanche, il est resté en retrait lors de mes apparitions publiques. D'abord, ce n'était pas son sport, il était dans le ski. Il est venu évidemment à l'Élysée quand j'ai été reçue par M. Chirac. Avec mes parents, c'était lui que je voulais avoir auprès de moi. Il a beau dire qu'il n'aimait pas ça, je pense que ça lui a fait plaisir quand même. Sur les photos, on voit qu'il est content. Il est assez réservé.

D'abord, il n'aime pas s'habiller. C'est toujours moi qui lui achète ses vêtements. À la limite, il est aussi comme mon père : en opposition au snobisme, en réaction à la bienséance. Par exemple, je n'ai jamais pu l'emmener à un concert. Il trouve ça horriblement snob. Alors que ça s'est démocratisé quand même. Il n'avait pas forcément le temps de m'accompagner à toutes ces cérémonies. Donc, j'étais assez seule dans mes apparitions publiques. Je recevais des invitations pour deux personnes alors je faisais plaisir à ma famille. Je suis allée à Vienne, à Barcelone, à Madrid pour de grandes récompenses... mais pas souvent avec Patrice. C'était prestigieux. À Monaco, maquillée et en robe de soirée, j'étais placée entre le prince Albert et Diego Maradona... Je suis allée à Vienne avec ma sœur aînée pour les champions du siècle (Pelé, Mark Spitz). À Bruxelles avec ma mère. C'était un prix pour les femmes européennes, je crois. On a visité tout Bruxelles à pied. À la fin de la journée, on était épuisées. De très bons souvenirs. C'étaient de très grands honneurs pour moi. J'étais avec les grands d'Europe ou du monde dans des palaces cinq étoiles. Quand on met à ma disposition une suite à Cannes au-dessus de la Croisette, je trouve ça génial, mais aussi que c'est trop. On m'aurait donné une simple chambre, je l'aurais quand même appréciée. Mes parents ont toujours eu des goûts assez simples de sportifs, de gens de la nature. Ma mère était extrêmement économe : elle avait des besoins qui ne coûtaient pas cher, par volonté peut-être, mais aussi par goût. Ça nous faisait plaisir d'aller nous promener en montagne le dimanche en emportant des sandwichs. Pour nous, « c'était le pied ».

J'ai vraiment apprécié les honneurs, je suis allée au Sénat, j'ai rencontré partout des présidents. J'ai été reçue par le président colombien. Je n'ai pas un press-book mais une collection de souvenirs.

Quand on s'est connus, Patrice et moi, il était dans l'équipe nationale de ski. C'était lui le champion, j'étais scolaire-universitaire. Il était champion de France. Pendant quelques années, mon admiration était pour lui. Je le suivais dans les grands événements, il s'autogérait en entraînement. J'essayais seulement de le mettre dans les meilleures conditions psychologiques en l'entourant, et après c'est lui qui m'a entraînée dans le vélo. Il y a des couples qui fonctionnent comme ça. La proximité apporte beaucoup parce qu'elle crée une connivence et une connaissance extraordinaires de l'autre. Cette proximité crée aussi des distorsions et des heurts. Nous, pendant des années, on ne s'est pas vus souvent.

Quand j'ai rencontré Patrice, il était dans l'équipe nationale, il tournait en Coupe du monde. Je l'ai connu quand je suis venue à Grenoble pour mes études. Nous étions au même club, le GUC (Grenoble université club). Il a commencé à s'occuper de moi pour le ski, à m'entraîner, à me faire prendre beaucoup plus de rigueur dans ce que je faisais, et de conscience de ce qu'il fallait faire ou ne pas faire parce qu'il a une âme d'entraîneur. Il s'est occupé de mon matériel et est allé me choisir des skis chez Rossignol. J'ai énormément progressé. Il a ajouté, à ma rigueur, le perfectionnement. Parallèlement, je faisais du vélo. Le père de mon futur mari était cycliste. Patrice baignait donc dans le milieu du cyclisme tout en étant un skieur renommé. Je ne connaissais pas ce milieu et c'est lui qui m'a engagée dans cette démarche. Il voyait que j'étais performante sur un vélo. Et il aime perfectionner les gens.

Mon mari a entraîné pendant vingt ans et a réussi à faire d'excellentes choses avec des jeunes dont les comités régionaux disaient qu'on ne tirerait jamais rien. Au contraire, c'est trop facile d'être bon avec des bons. Il n'y a rien de plus facile. Justement, ce que nous n'aimons pas, lui et moi, c'est quand les gens disent : « Oh ! De toute façon, Jeannie est douée. » Ce n'est pas vrai. Le coup du garçon doué ou de la fille douée qui réussit ne marche pratiquement jamais. Si on ne sait pas cadrer, entraîner, gérer et faire progresser comme il faut, les champions du monde juniors ne deviendront jamais des champions du monde seniors. On connaît plusieurs espoirs, soi-disant « formidables », qui arrêtent brutalement. C'est ici que doit intervenir le travail d'un bon entraîneur.

Avec Patrice, on s'est entendus parce qu'on avait le souci de la perfection. Tiens, un exemple de volonté et d'entraînement dur : on s'entraînait sur des glaciers durant les pires mois d'octobre et de novembre. Pendant les vacances de Toussaint, on montait sur le glacier des Deux-Alpes. Autant il pouvait faire un temps extraordinaire, vous avez l'impression d'être en vacances, autant il pouvait y avoir un brouillard épouvantable, du blizzard et – 30 °C. Les deux seuls qui étaient sur le téléski, c'étaient nous, les autres étaient au bistrot.

Patrice, avec peu de moyens humains, matériels et financiers, a connu d'excellents résultats dans sa carrière d'entraîneur. Les jeunes ont été bien conseillés et ont accepté les entraînements ; ils ont aimé le ski et tous ont poursuivi leur carrière dans cette discipline. Si vous prenez en main quelqu'un de doué mais qui se la joue un peu facile, il risque de lâcher très rapidement. Il ne faut pas forcément « être doué » ou, si vous l'êtes, il ne faut surtout pas avoir un environnement qui vous glorifie sans cesse. Si vous êtes bon, alors il vous faut, de surcroît, un solide caractère ; il faut accepter les échecs. Vous pouvez être champion cadet sans suite. Je dis souvent aux parents : « Laissez-leur le temps, à vos marmots, tout ça parce qu'ils ont gagné un championnat cadet. »

Au départ, à l'école, j'avais du caractère. En revanche, j'ai acquis cet esprit de compétition, cette exigence dans le sport avec Patrice. Lui est très exigeant, très dur. Je dis toujours que c'est un entraîneur de l'Est. C'est vrai que, moi par exemple, quand j'ai entraîné, j'avais du mal à être sévère, sachant en plus comment c'était dur. J'avais du mal à avoir le fouet derrière les coureurs. Dans une course contre la montre, quand vous êtes au maximum, c'est difficile même si ça ne dure pas longtemps ; et quand je voyais que la fille ou le garçon que j'entraînais peinait, c'était extrêmement délicat, pour moi, de lui intimer l'ordre de redoubler d'efforts, de lui dire : « Allez ! », alors que Patrice aurait dit : « Ça va pas assez vite. »

Au début, quand on est jeune, on a le sentiment de faire les choses uniquement pour soi. Je me suis aperçue que, pendant trente ans, je les ai faites par amour, pour Patrice. Il me demandait des trucs impossibles, des records. Toujours plus. Lui aussi s'est sacrifié par amour. Il a beaucoup fait pour moi. Quand il voit qu'il peut encore faire en sorte que je me surpasse, alors il fonce. Il a vraiment exploité le maximum de ce qu'il pouvait de moi. Encore aujourd'hui, si je peux faire des choses, il est à bloc derrière moi pour le vélo. Sur Internet, il commande du matériel. Je lis des réponses : « Le cadre est prêt, les roues sont là. » Je lui demande ce que c'est. Il me dit que c'est pour moi.

Pendant des années, je ne dirais pas que j'étais un pion parce que j'ai réfléchi, je me suis interrogée, mais je dirais que je ne savais rien. Je me suis livrée à Patrice qui m'écrivait ce que je devais faire tous les jours de la semaine. On s'appelait tout le temps. J'avais un programme que je suivais. Aux jeux Olympiques, en 1984, je l'appelais pour lui demander quoi faire parce que j'avais mal aux jambes. Petit à petit, j'ai tout enregistré, intégré et analysé. J'étais capable de redonner et de faire un *feedback*, de prendre du recul, de digérer. Après, je pouvais me dire que mon démarrage n'était pas terrible dans telle ou telle course. Donc qu'il fallait que je le travaille. J'étais devenue collaboratrice de mon propre entraînement, en somme, coentraîneur.

Un jour, j'ai dit que si je devenais championne du monde, je me marierais. Patrice était baptisé, mais n'avait pas les mêmes valeurs chrétiennes que moi. Ma mère voulait que nous officialisions notre relation. On s'est mariés à Noël (1985), parce que c'était son seul jour de libre. Il jouissait de la trêve de Noël. Donc, il était libre le 24 décembre ; on s'est mariés ce jour-là. Les démarches officielles – comme la publication des bans – furent réalisées au pas de course. Le délai était vraiment minimum. On est allés dans les deux mairies. On s'est débrouillés. Pour moi, c'était un réel engagement à vie. Il y a eu un petit moment de stress parce que je pensais que le contrat de mariage était un engagement à vie ; je ne savais pas que c'était un contrat à durée déterminée ! Cette entreprise trentenaire et florissante qui devient une société anodine en liquidation de souvenirs... Quelle tristesse... Il fallait me le dire qu'il y avait une date de péremption. Je n'étais pas au courant de tout. C'est vraiment le mot qui convient : contrat à durée « déterminée ». D'ailleurs, je pense que c'est de plus en plus le cas aujourd'hui.

La course, aujourd'hui...

Avant, au départ d'une course, j'étais capable de répondre aux gens sans connaître la question ni savoir vraiment qui s'adressait à moi. Je n'avais dans mon axe que la piste principale. Perception sélective ! À l'époque, on n'avait pas les fameuses oreillettes. Donc, tactiquement, il fallait jouer assez fin et articuler cette tactique par rapport à ce qui se passait. Avec Patrice, on parlait beaucoup du circuit, du moment du démarrage, on se demandait comment le jouer. On analysait tout dans les moindres détails. J'arrivais quand même, et pourtant c'était dur, à mettre une tactique théorique en route. Avec les oreillettes, c'est complètement nul. On est obligé de les avoir parce que tout le monde les a mais ça modifie totalement la course. Il n'y a plus de spontanéité. Je dis toujours qu'un entraîneur ne peut pas être dans les jambes de l'athlète. Dans les grandes courses, ça devient un peu « mafieux ». Tout le monde a des oreillettes et des téléphones portables, maintenant, surtout au Tour de France. C'est une course téléguidée, télécommandée et télévisée (les directeurs sportifs ont aujourd'hui la télévision dans leur voiture). Ce n'est pas bon. Pour ne pas être désavantagée, je suis obligée de porter les oreillettes. J'ai fait des courses sans, mais ce n'était pas franchement réussi parce que, à tous les coups, il y a quelqu'un qui s'échappe et j'ai oublié de voir le numéro. C'est aussi une question d'habitude. Avant, je faisais plus attention, je relevais tous les numéros des filles « dangereuses ». Aujourd'hui, les pelotons sont plus étoffés. Je ne connais plus aussi bien les filles parce que je fais peu de courses internationales, une ou deux fois par an. Quand j'arrive, je ne connais pratiquement aucune fille. Comment puis-je faire pour savoir que telle ou telle est partie ? Au dernier championnat de France, par exemple, il y avait deux jeunes filles de petite taille de la même équipe. J'ai cru que c'était la moins dangereuse qui était partie. Erreur, je me suis complètement

« plantée ». Ce qui m'a fait faire des efforts considérables. Si j'avais su que c'était la dangereuse qui était partie, j'aurais réagi tout de suite.

Les oreillettes me gênent sauf en contre-la-montre où c'est très utile pour être guidé, parce que vous êtes en effort maximum. Il y a des contre-la-montre qui sont plus difficiles à visualiser que d'autres. Celui de 2008 (aux JO) était difficile : les virages s'enchaînaient, presque identiques ; on ne savait jamais où on en était du parcours, notamment en plein effort. Patrice me guidait, comme d'habitude, avec un langage de skieur : « Milieu, déclenche, ouvre, mets-toi à l'abri contre les buissons. » Ce sont des détails techniques qui sont très intéressants. En revanche, en montée, en plein effort, il me faut toute ma concentration pour dépasser la douleur physique – état d'oxygénation maximale et d'acidose insoutenable. Alors, à ce moment précis, quand quelqu'un m'encourage fort, ça peut produire un électrochoc psychologique, lequel est à même de me perturber. Il y a ceux qui sont habitués à ça : être encouragés constamment comme des ânes ! Pas moi.

Cette histoire d'oreillette est emblématique des dérives d'une avancée technologique.

Elle est emblématique de notre sport contemporain de haut niveau.

Pour autant, je ne qualifie pas de négatives toutes les avancées technologiques. Quand je monte sur mon vélo de contre-la-montre, je prends beaucoup de plaisir car c'est une véritable formule 1.

Faut-il laisser aller la recherche, génératrice de matériaux nouveaux et d'équipements jouant avec les normes, pour assister à l'escalade, à l'envolée de records fabuleux, ou bien la nécessité de freiner les scientifiques s'impose-t-elle parce que ceux-là abîment l'idée du spectacle sportif dans sa tradition ?

L'usage de l'oreillette, cette petite radio introduite il y a quelques années dans la poche centrale du maillot des cyclistes, partait d'un bon sentiment : un peloton compact de quelque deux cents unités est particulièrement difficile à remonter par une voiture suiveuse. Et un leader pouvait perdre la course sur incident mécanique. On a réalisé encore que le télérenseignement était fort utile pour signaler les dangers à venir : traversées de villages par des routes sinueuses, étroites, portions gravillonnées... Les directeurs sportifs, progressivement, s'en sont donné à cœur joie. De situation passive, voire ennuyeuse, maugréant dans leurs voitures et pestant contre les choix et les occasions manquées de leurs protégés, ils sont devenus les intervenants majeurs dans cet essaim multicolore en mouvement. Ce sont les vrais rois du peloton, doublés de fins tacticiens. Désormais assistés par l'ordinateur de bord et la télévision, ils lancent, sans effort, leurs instructions vers leurs coureurs auxquels, de surcroît, on a donné la parole. En somme, on parle presque plus qu'on ne pédale, aujourd'hui. On encourage son équipier qui démarre, on interroge le « mentor » dans son véhicule avant de bouger sur une attaque et on prévient son copain sur le déplacement d'un concurrent à surveiller. C'est le parasitage de la spontanéité !

Les oreillettes enlèvent tout le charme de l'imprévu, toute la formation « intellectuelle » de tactique. Or le vélo, c'est un sport tactique. Les courses sont trop contrôlées... Trop d'informations circulent. On parle beaucoup de l'incertitude du sport. Où est-elle, cette fameuse incertitude ?

En juillet dernier, *Le Parisien* m'a demandé des articles sur le Tour de France. Le 14 juillet, j'écrivais que la compétition était dénaturée, davantage accomplie par les intervenants extérieurs que par les coureurs : « Dans le peloton, ça grésille dans les oreilles. Avant, les coureurs criaient ou sifflaient lorsqu'un favori bougeait. Maintenant, les serre-files l'annoncent au micro au moment même où il se dresse sur les pédales[1]. »

Je pense qu'un coureur doit pouvoir attaquer quand il veut, quand il peut – sans toujours suivre aveuglément les directives de son directeur sportif Il m'est arrivé de comparer les coureurs d'aujourd'hui à des pions : « À force, le "drivé" reste en attente d'instructions. Pourquoi les cyclistes ont-ils tant envie d'être pris pour des pions ? Ayant traversé les époques, j'ai couru avec et sans appareillage. Nous devions préparer la course, étudier les cartes et apprendre à connaître les numéros de dossards à surveiller. L'expérience se forgeait là[2]. »

1. *Le Parisien*, 14 juillet 2009, p. 24.
2. *Le Parisien*, 15 juillet 2009, p. 15.

Imagine-t-on le même procédé au football ? « Match de foot avec téléconversation entre l'entraîneur et son joueur : "Passe, tire, attention derrière !" Cela limiterait bien sûr les occasions manquées, mais s'extasierait-on vraiment[1] ? »

Je suis contre les oreillettes parce que je suis pour le cerveau ! Je suis pour la réflexion. Et le sens de la course !

Si j'avais dû pratiquer le vélo sans réfléchir, si nous n'avions pas introduit (Patrice et moi), dans notre pratique sportive, toute cette démarche intellectuelle d'analyse, de recherche – technique, tactique, physiologique, psychologique –, je n'aurais jamais pédalé si longtemps. Je n'aurais pas tenu. Tout en restant « au niveau des pâquerettes », je pense tout le temps (et ça me fatigue d'ailleurs), je corrige, je ressasse...

Le spectacle sportif n'est pas un scénario qui est écrit à l'avance. Aujourd'hui, et les journalistes sportifs en conviennent, les courses sont moins

---

1. *Ibid.*

intéressantes car, bien souvent, leur scénario est connu de tous dès le début des épreuves.

Par exemple, il est insensé de faire courir un championnat du monde sur 260 kilomètres, soit six ou sept heures de course. Tout se joue sur la dernière heure, les initiatives sont brisées. La tactique est préétablie : les leaders préservent leurs équipiers jusqu'à la dernière minute. Avant, les initiatives avaient lieu beaucoup plus tôt dans la course. Aujourd'hui, si quelques coureurs veulent s'échapper en début ou en milieu de course, tout le monde rigole : on les laisse, on va les reprendre dans les derniers kilomètres.

Désormais, il y a moins de panache. Dans le Tour de France, quand les échappées au long cours réussissent, c'est parce que les leaders – compte tenu de leur position au classement général – se désintéressent totalement de ceux qui se sont détachés... Aucun risque.

Il y a beaucoup plus de calculs qu'avant... ce sont des trucs d'apothicaire ! La spontanéité n'est plus de mise. C'est devenu de la comptabilité. C'est quantifié.

Notre conception du rendement (à Patrice et moi) est d'ordre sportif. Nous avons fait le choix, à tous les moments de ma carrière, de privilégier le résultat sportif plutôt que le gain financier, avec ce souci permanent de rester détachés du système et de conserver la tête haute. J'ai refusé des contrats juteux parce qu'ils me contraignaient à des actions, en contrepartie, qui pouvaient nuire à ma carrière – ou parce que mon image et mon éthique ne collaient pas à celles du partenaire éventuel.

La publicité pour les alcools est interdite, soit ! Mais, alors qu'on fait campagne contre l'obésité à l'adresse de nos jeunes, doit-on tolérer de voir sur les maillots (au centre de la poitrine) le nom d'un aliment gras et de faible qualité nutritionnelle ? Un athlète peut-il véritablement faire la promotion d'une marque de soda trop sucré ou encore d'une boisson qui augmente l'agressivité du fait de son taux de caféine très élevé ? Non. Un athlète, pourtant, cautionne – on le voit chaque jour – le produit marketing sans réfléchir à la portée de son acte ; il considère uniquement le montant du chèque. C'est humain !

Le « héros sportif » devrait garder à l'esprit qu'il est redevable et capable d'endosser le manteau de missionnaire pour les bonnes causes. C'est son acte civique en compensation (toujours !) de ce que son public a fait pour lui.

Je n'aime plus tellement courir et mettre un dossard. C'est réellement compliqué à expliquer. Je suis satisfaite de courir encore car cela contribue à me maintenir au mieux de ma forme et je reste en contact avec des amis – des hommes plus jeunes. Trop faible, je n'irais pas, je serais dégoûtée avec le sentiment amer de ne plus être à ma place. Les courses internationales – mis à part les contre-la-montre parce qu'on est seul en piste – me demandent un gros effort pour me maintenir. Le peloton est désormais massif, au moins cent cinquante unités, parfois plus. Les concurrentes bougent en permanence pour mieux se placer mais leur mouvement n'a pas l'harmonie d'un ballet du Bolchoï. En prélude d'une difficulté (une ascension, une traversée de village ou une portion pavée), tout s'agite, les roues et les guidons passent au millimètre – ou ne passent pas, et c'est la chute collective.

À l'annonce de l'arrivée, c'est pire. « Ne t'affole pas, mémé. » Merci, les filles, pour cette marque de déférence. Certainement, je dois baisser en agilité, mais je mesure les risques avec plus de lucidité, moins de fanfaronnade et de forfanterie.

Plus j'ai avancé dans ma carrière et plus ma confiance dans la technique des autres s'est envolée... Parabole due au manque général d'éducation. Rien n'est respecté, on manœuvre sans se soucier ni de celle d'à côté ni de la suivante, peu importent les désordres et les dangers. Je souligne que les causes et les effets sont identiques dans le peloton masculin.

Oui, cette ambiance me pèse et me gâche mes dernières années. Je pourrais ne courir qu'avec les copines « en régional » et m'aligner aux championnats nationaux mais ce serait agir *a minima*. Alors, pour me confronter à plus fortes, à meilleures que moi, je m'accorde quelques séjours aux États-Unis où les routes sont bien plus larges et les cyclistes, sans être des enfants de chœur, plus courtoises.

Nos parcours sur routes étroites, en Europe, offrent la possibilité de pratiques antisportives très controversées. Au Tour de l'Aude, j'avais dû me battre contre un lot de concurrentes qui m'empêchait de prendre la tête au pied des cols et d'attaquer. Les pays de l'Est aussi s'entendaient bien pour faire partir un petit groupe des leurs et faire barrage ensuite. Les écarts pouvaient se compter en minutes.

À l'inverse de ce qui se passait dans « mes années glorieuses », la sélection se produit très tard dans la course. Le peloton demeure étoffé jusqu'à la dernière heure où les leaders commencent leurs attaques. Les finisseuses conservent longtemps leurs équipières dont le niveau moyen a globalement augmenté – il faut le reconnaître –, mais c'est usant. Auparavant, la sélection s'effectuait rapidement par l'arrière, les meilleures étaient devant et assuraient un train fort dès les premières difficultés. Nous nous retrouvions à une dizaine et je pouvais alors m'exprimer. Me sentir bridée et pédaler en demi-teinte, la respiration à moitié coupée par la tension, ne me donne aucun plaisir. À Milan-San Remo, cette année, le peloton des pros roulait à 60 km/h entre les deux dernières montées. Or, une fois dans l'ascension, tout s'arrêtait, pas d'attaques, on protégeait les sprinters. C'était vraiment frustrant pour la spectatrice que j'étais.

Le déclic. Échec et gagne !

Jusqu'à 25 ans, donc, comme on sait, j'ai fait du ski alpin et je voulais y rester. C'était mon univers. J'ai fait un peu d'athlétisme. Ça me plaisait, mais je ne me sentais pas très forte dans cette discipline. J'ai touché à tout. Je faisais de la natation aussi. Mes parents habitaient à côté du centre sportif. Je faisais de l'équitation, j'adorais les chevaux, qui, pourtant, m'impressionnaient ; je rêvais de monter comme un cow-boy. J'allais jouer au tennis, sous la canicule, de midi à 14 heures quand personne ne prenait les cours. Mon sport, c'était le ski. Je suis restée très attachée à ce milieu parce que le ski est une discipline mixte. Nous avions des stages avec les copains. Les stages en refuge sur glacier nous ont rapprochés, Patrice et moi. Les Coupes du monde étaient retransmises à la télévision – qu'il s'agisse des épreuves masculines ou féminines. C'est très égalitaire. Je me sentais bien dans un bel anorak, sous un bonnet coloré. Techniquement, c'est un sport qui me plaît et je continue toujours à le pratiquer (je suis assidûment les épreuves de ski à la télévision). Je travaille la courbe. Quand j'arrive au vélo, au départ, je ne connais pas le milieu. Mon père regardait le Tour de France, l'été, quand il avait le temps, et ça m'énervait. Le vélo ne m'attirait pas vraiment. Il n'y avait rien pour les filles. Je trouvais que ce n'était pas esthétique pour les femmes : je dois le confesser même si je n'aime pas ça parce que ça renforce et conforte l'image qu'on a sur ce sport. À l'époque, en 1979, les équipements étaient constitués de maillots en laine avec des cuissards minables. Les femmes étaient plutôt des sprinters. Il y avait très peu de courses internationales. Je crois que, il y a cinquante ans de cela, il y avait davantage de courses, les femmes y étaient plus associées. C'est retombé et puis c'est reparti dans les années 1980. Les femmes étaient volumineuses, pas trop grimpeuses. Donc, je trouvais que c'était assez « lourd ». Faire de la compétition ne m'attirait pas. Alors, pourquoi me suis-je lancée ? Parce que les championnats du monde de 1980 avaient lieu à Sallanches, c'est-à-dire à 10 kilomètres de chez mes parents. Je l'ai su deux ans auparavant. Quand on est gamin, on ne doute de rien. J'ai dit que je voudrais bien faire les championnats du monde de Sallanches. Comme je connaissais déjà Patrice grâce au ski, il m'a dit qu'il faudrait que je commence par courir et j'ai attaqué l'entraînement gentiment. Patrice m'a poussée dans cette voie. C'est lui qui m'a donné des conseils tactiques et s'est occupé de mon vélo. Mon père m'en a acheté un. Puis, avec le père de Patrice, on est allés en Italie, vers Gênes, pour acheter un cadre en dural parce que les Italiens étaient bons dans ce domaine. C'est son père qui l'a monté.

Dès la première année, j'ai été championne de France (1979). Un an plus tard, l'année des championnats du monde à Sallanches, j'étais indiscutablement la meilleure Française. L'entraîneur « officiel » était un brave type... il draguait les filles. J'ai été obligée de faire le stage d'entraînement officiel avant les championnats du monde. Il faut faire la « colonie de vacances » quand vous êtes dans une équipe ! Donc vous vous « farcissez » le stage préparatoire sans avoir forcément votre entraîneur personnel. Pour Sallanches, je voulais dormir chez moi – c'était à 10 kilomètres – mais ils m'ont dit : « Non, il faut aller à l'hôtel. » Nous sommes partis en retard, tout était mal organisé. Heureusement que je connaissais tous les petits raccourcis sinon on ne serait pas arrivés à l'heure. Tout était bouché. Nous sommes arrivés un quart d'heure avant le départ. À une minute près, la signature était fermée et on ne partait plus. Ce jour-là, avec Patrice, on s'est dit que nous n'allions pas faire confiance au système. Donc, on est sortis des « clous ». À jamais ! Nous nous sommes mis en marge par la force des circonstances, on nous a surtout poussés au-dehors parce que l'organisation fédérale n'a pas voulu intégrer notre fonctionnement au sien.

J'ai eu vraiment un déclic dans ma carrière. J'ai commencé gentiment en 1979, personne ne s'attendait à mon premier titre national. Ensuite, je suis allée aux championnats du monde, j'ai raté ceux de 1980 mais j'ai été deuxième à ceux de 1981 (ma première médaille aux championnats du monde).

Les médailles, c'étaient que du bonheur, de petits bonheurs. Quand il a fallu arriver à l'étape des jeux Olympiques, en 1984, j'ai arrêté le ski après les championnats du monde universitaires de 1983. De 1983 à 1984, on ne rigole plus : l'hiver, je me consacre au vélo au vélodrome de Grenoble. L'axe, c'était les jeux Olympiques de 1984 à Los Angeles. Concentration maximale. En mars 1984, le Tour du Texas était presque un camp d'entraînement. Nous avions quatre courses par semaine. Nous courions mercredi, jeudi, samedi et dimanche avec toutes les équipes américaines et de nombreuses équipes internationales qui venaient au Texas pour bénéficier du beau temps et s'entraîner. Moi, j'étais toute seule. Je logeais chez des gens charmants, devenus des amis. Patrice, à cause de ses engagements, ne pouvait pas être avec moi. Avec mon plan d'entraînement, je partais toute seule faire mes 70 kilomètres. Nous étions en équipe nationale mais c'était la débrouille. Je m'entraînais toujours un peu en marge. À force d'avoir fait de la piste, l'hiver, j'ai eu un déclic : j'ai commencé à faire des finishs au sprint, à devenir routière sprinter. Ce qui a inquiété les étrangers. Je me souviens de l'entraîneur canadien qui m'avait dit que si je continuais à mener mes sprints, j'allais gagner les Jeux. Au début, je ne gagnais pas tout. Après ce déclic, j'ai commencé à avoir cette démarche de finisseuse. Aux JO, en juillet 1984, j'ai terminé à pied. Tactiquement, j'avais été bonne parce que j'avais réussi à me maintenir avec le petit groupe de tête, notamment les deux meilleures Américaines : Rebecca Twigg et Connie Carpenter. La première était plutôt une « poursuiteuse » (moins une grimpeuse) et la seconde s'envolait dans les Rocheuses. Je suis arrivée deuxième au Tour du Colorado derrière Carpenter, et j'avais remporté le Tour du Texas devant Twigg. Les filles étaient vraiment prétendantes au titre olympique. Ce n'était pas trop montagneux.

Dans les années 1980, il y avait une grosse pression médiatique. Cependant, ce qui a fait ma force, c'est d'avoir réussi à rester dans ma bulle. J'arrivais à répondre à une question en étant suffisamment concentrée au départ d'une course. J'avais un bon stress, une saine tension. Les moments les plus poignants, c'était l'après-midi, la veille, et pour trouver le sommeil, la nuit, c'était assez difficile. Au départ, le matin de la course, j'étais tendue aussi. Il faut un déclic mental, arriver à se concentrer et à faire le vide, à oublier tous ces gens qui tournoient autour de vous, ces abeilles...

Mais revenons aux jeux Olympiques de 1984. En fin de course, on arrive à six : il y avait Connie Carpenter, Rebecca Twigg, Maria Canins, la jeune Allemande Sandra Schumacher, une autre fille et moi. J'avais bien mené ma course parce qu'il faut dire que je ne grimpais pas, enfin pas comme après. Je voulais la victoire. Comme au Texas, j'étais devenue la finisseuse, je pensais pouvoir terminer première ou deuxième. J'étais sûre d'une médaille. Et puis cette Maria Canins s'est accrochée à mon dérailleur à 500 mètres de l'arrivée, j'ai fini à pied parce que la chaîne de ma machine pendait. J'ai dû pleurer pendant une semaine. Le trou noir complet. Pour moi, ma carrière s'achevait à ce moment précis. J'avais bientôt 26 ans. Quand on est jeune, on ne pense jamais à une carrière longue comme la mienne. Ce jour-là, pour moi, c'était l'échec total, l'enterrement de première classe. J'avais le sentiment que l'occasion de ma vie – être championne olympique – venait de filer. C'est là qu'il faut avoir un environnement pour être soutenu et pouvoir repartir. Je pense que le secret de la réussite est de ne jamais s'arrêter sur un échec. Ensuite, je suis repartie. Je me suis remise en selle : j'ai décroché une médaille d'argent au championnat du monde sur piste à la fin de l'été. En 1985, j'étais carrément routière sprinter et, au Texas, j'ai gagné le classement général grâce à plusieurs victoires au sprint devant les meilleures mondiales. Je menais mon sprint vraiment à la sprinter. Le Tour de France, c'est Maria Canins qui l'a gagné. Maria grimpait les Alpes et les Pyrénées et nous prenait du temps. Elle a gagné cinq étapes de montagne et moi cinq étapes de plat. Je n'attendais qu'une chose : arriver au sprint. J'arrivais à mener 600, 700, voire 800 mètres. C'est le déclic : arriver à comprendre des choses physiques. Le fait de mener un sprint est à la fois tactique et physique. Il faut le travailler déjà. Après il y a l'assurance. Le déclic de la victoire était vraiment très important. Parce que, après le Tour du Texas en 1985, j'ai commencé à gagner des étapes, je n'attendais que la victoire.

Il suffisait que ça arrive au sprint. Ensuite, il fallait être un peu tactique avec les équipières pour éviter les échappées. En 1985, j'étais championne du monde pour la première fois. Mais c'est vrai que, jusqu'à cette date, j'avais la peur de gagner. Il y a une démarche. Ça se travaille. Il y a une petite étincelle qui doit être là pour tout. Il faut provoquer le premier déclic.

En 1984, après les JO, je suis rentrée avec des idées noires. Je ne voulais voir personne, j'avais honte de moi parce que je portais le maillot français. Alors que les gens me disaient que ce n'était pas grave. Je connais d'autres sportifs qui se cachent et ne veulent voir personne. Et puis j'ai dû courir derrière, forcément. Mon premier titre était en 1985. J'ai gagné cette assurance début 1985 au Tour du Texas C'est là où j'ai vraiment commencé à tout gagner. Dans la montagne, ce n'était pas encore ça. Arrivent les championnats du monde en Italie. Je savais que si je passais le sommet, je serais championne du monde. Ce dernier Tour avec Maria Canins ! C'est vraiment une affaire de volonté. Quand on commence, on n'a pas assez de mental pour tenir comme ça. Je pense que j'étais un peu vide de sang. J'avais des sifflements dans la tête. Déjà la foule hurlait parce qu'il y avait Maria Canins. J'étais concentrée uniquement sur le fait que je devais passer au sommet avec elle car elle menait à fond la côte et le « ménage », la sélection s'effectuait par l'arrière. Au fil des tours, il y avait de moins en moins de monde. Là, j'ai découvert que j'étais capable d'une grande force mentale. Je n'étais pas accrocheuse comme ça, avant.

Il y a ceux qui s'écroulent quand ils font des marathons parce que c'est un sport d'endurance. Pour moi, c'était l'intensité. Je pense que, dans toute activité, il faut mettre en place une démarche, des paliers qu'on passe comme dans les études. Les choses mûrissent d'un coup. Malgré tout, il y a cette démarche intellectuelle. Le travail nous donne de la confiance.

J'ai employé, à dessein, le mot « accrocheur ». En fait, je pense que j'avais l'esprit de compétition mais, accrocheuse, je ne l'étais pas. J'étais un peu teigneuse mais il faut être, de temps en temps, non pas méchant, mais pas trop fair-play. J'ai acquis cela au contact de Patrice qui était très accrocheur. Lui, justement, m'a fait comprendre que tout n'est pas rose. Il est « jusqu'au-boutiste ».

Après le premier titre de championne du monde, j'aurais pu m'arrêter, c'est-à-dire il y a vingt-quatre ans. Oui, il y en a qui font ça. C'est ce qui fait ma force aussi : tous les jours, je peux m'arrêter. Dès la première année, fin 1979, j'ai dit : « Le vélo, j'arrête », parce que j'en ai marre du système et du milieu. Quand je prends le départ d'une course internationale, aujourd'hui, au bout de cinq minutes, ça me sort par les yeux, et, quand j'arrive au bout, je n'en peux plus parce qu'il n'y a plus de respect, parce qu'il se passe n'importe quoi, parce que c'est trop dangereux : des chutes fréquentes comme chez les hommes... à l'image de la société. Les hommes et les femmes manœuvrent comme s'ils étaient seuls. Si je dis quelque chose, alors on m'explique que je ne suis plus « dans le coup ». Tiens, donc ! Pourtant, je ne pense pas être une trouillarde, mais je mesure les risques. Et puis j'estime, sans parler de fair-play, que le but, c'est de ne pas se plier. Bien souvent, je n'en pouvais plus des gens de ce milieu et même de la course. Je prends du plaisir même si je suis battue. En ce moment, je suis battue de plus en plus souvent non pas au niveau national mais au niveau international parce que le peloton est de plus en plus gros et que je suis mal placée.

Bannie de la fédération

C'est un peu caricatural mais la fédération de cyclisme a une politique sportive pour cent routiers professionnels masculins. Les femmes n'existent pas ou peu – quantité négligeable… Quand vous pensez que je ne suis pas professionnelle ! Je n'ai pas le droit ! Je n'ai pas de licence professionnelle, mais une licence première catégorie parce que je ne suis pas dans un groupe professionnel. Pour avoir une licence professionnelle, il faut être dans un groupe sportif, être salarié. C'est encore un règlement. Fiscalement, je suis dans le cyclisme professionnel à titre personnel. Pour la fédération, je suis une coureuse cycliste de première catégorie. C'est le règlement international. Je ne suis pas dans un groupe sportif et n'ai pas de salaire. Ces dernières années, j'étais dans un groupe sportif uniquement pour pouvoir faire la Coupe du monde parce que seuls les groupes sportifs et les équipes nationales ont le droit d'y participer. Mais ce groupe sportif n'avait pas un budget suffisant, ils nous ont donné des misères, ce qui ne justifiait pas un salaire. Je n'ai donc pas pu avoir ma licence professionnelle alors que j'étais dans un groupe. Ils ont considéré que c'était un droit à l'image mais pas un salaire. On a tout de même des champions olympiques et mondiaux en VTT, en BMX et sur la piste. On a toujours des médailles, mais la politique générale, c'est ça. Il faut savoir qu'on a l'une des rares fédérations qui se désolidarisent du sport de « masse ». Il y a une fédération de cyclotourisme et une fédération de cyclisme. Concernant les organisations majeures, la fédération de cyclisme ne maîtrise absolument rien. C'est une vieille fédération. Ce n'est d'ailleurs pas un problème qu'elle soit vieille. Elle date de la fin du XIXe siècle. Mais elle n'est pas réellement organisée comme une entreprise, c'est de l'amateurisme. Le budget pour les femmes ? Quasi inexistants. De plus, souvent, les entraîneurs des femmes sont incompétents, parfois jeunes, pas assez fermes, et n'osent pas mettre le poing sur la table pour obtenir les moyens suffisants. J'ai vu comment ça marche, je le sais avec ma petite expérience... Les femmes ont un budget de misère. Il n'y a presque pas de déplacements à l'étranger, pas assez de travail avec la base.

Mes premiers démêlés avec la fédération datent du début des années 1980. La fédération a pris des règlements « curieux » qui ne correspondaient pas à ce que je concevais. Déjà, une cycliste femme n'avait le droit de courir – pour progresser – qu'avec les autres femmes ou avec les cadets (lesquels ont un braquet limité). Alors, j'ai voulu m'inscrire dans une course masculine (de catégorie B) et l'organisateur, qui était un brave homme, m'a dit qu'il n'y avait pas de problème. C'était une belle course et je m'en suis bien sortie. Mais la fédération fut prévenue. Résultat : j'ai été suspendue quinze jours. Forte de cette expérience, comme d'habitude, je me suis battue pour faire en sorte que le règlement change. Et il a changé : les femmes ont été autorisées à courir avec des catégories masculines ! Grâce à moi.

Fin 1989, j'ai mis ma carrière en suspens. En 1990, la fédération a contracté un accord avec deux marques : une pour des pédales et l'autre pour des roues. Cet accord imposait à tous les licenciés, sélectionnés en équipe de France, d'adopter ce matériel. Il fallait venir, à la suite d'une convocation (pour les championnats du monde ou pour une course internationale), avec un cadre nu. Ces marques ne me convenaient pas, ce n'était pas mon matériel de prédilection. Fin août 1991, les championnats du monde avaient lieu à Stuttgart et je décidai d'y participer parce que le circuit pouvait parfaitement me convenir. Je voulais revenir. On m'a dit que je pouvais participer aux sélections à condition d'adopter ce nouveau matériel – et notamment ces pédales. Or, technologiquement, elles ne me convenaient pas et je risquais même des problèmes articulaires ; leur rendement était insuffisant. Lorsque je me suis présentée à Stuttgart, les deux entraîneurs nationaux, qui étaient pourtant des amis, m'ont signifié que je ne pouvais pas participer ni même m'entraîner – ordre impérieux du directeur technique national. J'ai trouvé ça abominable. Je suis allée voir l'organisateur, lequel m'admirait. Il m'a dit : « Ici, je suis chez moi, je vous donne une accréditation. » Donc, je suis allée rouler sur la piste mais la France ne m'a pas pris mon dossard.

La fédération n'a jamais fait quoi que ce soit pour moi. Après cet épisode, elle a juste fait semblant de vouloir débrouiller cette situation. La société Look m'a proposé une pédale qui « pouvait » me convenir ; mais il n'y avait même pas une heure de travail sur ce matériel. C'était bâclé. Donc on ne parvenait pas à sortir du problème. J'ai passé mon hiver 1991 et le printemps 1992 en procès avec la fédération. C'était le stress total, la déprime. J'ai gagné mon procès mais j'ai perdu ma confiance en moi. Ce fut un moment charnière dans la gestion du stress. Jusqu'à la fin 1989, j'arrivais extrêmement concentrée sur une course, sûre de mes moyens comme quelqu'un qui a bien travaillé, confiante en mes capacités. Avec cette affaire, je suis arrivée aux JO de Barcelone totalement stressée ; au départ de la poursuite, j'étais blanche, en hypoglycémie. J'étais l'ombre de moi-même. Pour la première fois, je n'ai pas passé les quarts de finale.

Jusqu'en 1989, quand je prenais le départ d'une grande course, j'étais contente, je voulais montrer ce que je savais faire. À Barcelone, j'avais envie de dormir : je ne voulais pas rentrer dans l'événement. À Barcelone, je ne faisais que dormir. C'est significatif d'un grand stress. Je refusais l'événement.

Fin juin 1991, j'ai pris une licence américaine pour faire une course nationale par étapes dans l'Idaho. Aux mêmes dates, il y avait toujours les championnats de France sur route, ce qui m'empêchait de participer à cette belle course aux États-Unis. J'ai posé des jours de vacances auprès de la direction régionale de la Jeunesse et des Sports (car j'étais CTR, conseiller technique régional). Comme j'avais mis un terme à ma carrière fin 1989, je n'étais plus licenciée. J'ai pris une licence américaine. J'avais le droit. Il y a eu plein d'histoires parce que j'étais Jeannie Longo. Un ami d'outre-Atlantique, mon « papa d'Amérique », m'avait pris une licence au nom de Jane Ciprelli. Et quand je suis arrivée sur la course, dès le prologue, ils ont vu que j'étais Jeannie Longo. La fédération était prévenue et je n'avais plus le droit de partir. Toujours des problèmes. N'importe quelle Française aurait pu prendre une licence nationale américaine pour faire une course nationale américaine, et elle n'aurait eu aucun problème, mais, parce que c'était moi, on dérangeait le président. À 2 heures du matin, j'étais sous ma couette à téléphoner pour savoir si j'allais pouvoir partir le lendemain matin.

Autre exemple, la Ronde de Bourgogne, une course nationale. La première édition a eu lieu l'an dernier. Comme je n'avais pas d'équipe (on était deux dans le même club), alors nous avons composé une équipe mixte avec deux filles de Bourgogne et une fille de mon club. Nous étions cinq au départ. C'est autorisé. Et puis il nous fallait un maillot de la même couleur. J'étais championne de France donc pas de problème, je devais courir en bleu, blanc, rouge. On a trouvé un maillot jaune pour les quatre autres coureurs. Nous avons été pénalisés. Ils voulaient nous mettre hors course parce que soi-disant le maillot n'était pas neutre. Je ne sais ce qu'est un maillot neutre. Il y a une subtilité là-dedans. Il faut savoir qu'il y avait d'autres équipes formées à qui on n'a rien dit. Motif évident des commissaires : « On va se faire Longo, on va la mater. » Combien de fois leur ai-je rappelé que je n'étais pas une petite écolière face à un instituteur ? Je pense toujours que je vais m'amuser et ils me rendent irascible.

Les organisateurs étaient très contents pourtant. Ils ont eu des retombées médiatiques, les élus étaient là. Ils savent que l'année prochaine ils auront une subvention. Grâce à moi, le public est venu. À la sortie de la messe et le dimanche après-midi, il y avait du monde dans la rue. Chaque fois, c'est pareil. Pour les organisateurs, c'est du gâteau... Il y avait des articles !

Les commissaires de course se prennent au sérieux parce qu'ils ont des prérogatives. Mais je connais les règlements. Parfois, ils les connaissent moins que nous (je parle de Patrice et moi). Il m'est arrivé d'écrire à l'UCI pour leur dire qu'ils pouvaient déclasser leurs commissaires. Ces officiels ne réalisent pas qu'ils vont revenir l'année prochaine, qu'ils seront payés, logés dans de bons hôtels et que c'est peut-être grâce à moi aussi !

J'ai vite été bannie par la fédération. Je me ressourçais auprès de ma famille, pleurais dans les bras de ma mère. J'ai un mari qui me disait : « Ils n'y connaissent rien. » Pour lui, on prouve toujours par les coups de pédale. Et puis on a toujours des amis qui nous appellent pour nous remonter le moral. Heureusement que j'avais un petit noyau. Autrement, ça peut fusiller quelqu'un. Fusiller, oui ! J'ai eu des moments difficiles où je ne me sentais pas bien dans ma peau. Des commentaires, volontairement mal interprétés... En 1994, en Sicile, durant les championnats du monde, il y avait trois filles échappées dont deux Françaises. L'échappée battait de l'aile et les Françaises étaient visiblement en fin de course. Comme je me sentais bien physiquement mais piégée dans le peloton qui commençait à s'agiter, j'ai décidé de sortir... On reprenait du temps sur les échappées, ça « craignait » ! Comme j'étais forte, j'ai démarré. Alors je suis sortie toute seule et je suis revenue sur les échappées. Je n'ai fait qu'une erreur ce jour-là, c'est de ne pas les avoir flinguées en ressortant immédiatement. L'une d'elles était une amie. Je lui ai dit de venir avec moi. Je les ai tirées à bloc, mais, le temps de tergiverser, le peloton a fini par revenir et on m'a accusée de trahison. On m'a dit que je n'aurais jamais dû sortir du peloton. J'étais mise au ban et privée de sélection. On m'a accusée d'avoir ramené le peloton sur les échappées, de les avoir condamnées. Pour l'équipe, elles avaient fait des efforts et étaient sûres d'avoir une médaille – à mon avis, elles n'auraient pas eu l'or. Vidéo à l'appui, je n'ai absolument pas ramené le peloton. Il y avait une mauvaise foi évidente, une volonté claire de condamnation de la part de la fédération. Parce que, en Sicile, j'avais loué seule un appartement dans le centre de Palerme pour la piste, puis dans un petit village pour la route. J'étais indépendante, un électron libre : comme d'habitude, la tactique de course ne s'est jamais faite autour de moi. J'étais toujours championne de France, toujours championne du monde sortante ou vice-championne, et on ne me mettait jamais comme leader. Jamais une course n'aura été pensée en fonction de moi. En Sicile, tactiquement, ce n'était pas mal que les deux autres filles soient devant, mais, normalement, elles auraient dû préparer le terrain et ne pas « jouer » à fond leur carte personnelle.

En 1994 donc, je suis bannie de la fédération. Un mois après les mondiaux en Sicile, j'avais les championnats du monde de VTT aux États-Unis et je pouvais m'inscrire individuellement comme j'avais suffisamment de points. La fédération m'a imposé une inscription en individuelle alors que j'étais obligée de porter le maillot national tout en ne faisant plus partie de l'équipe de France. Donc, tout était à ma charge comme d'habitude. Avec Patrice, on a encore loué un appartement et nous avons emmené ma mère – tout énervée, toute remontée par ma situation. Les équipes nationales étaient mises en première ligne et les indépendantes étaient derrière. Comme en formule 1, si vous êtes mal placé, c'est raté. Je suis arrivée quatrième quand même ce jour-là. J'aurais pu être deuxième, mais je suis tombée à un mauvais moment. C'était le stress total, je me disais qu'il fallait absolument que je dépasse tout le monde – en plus du stress physique parce que j'ai dû faire un effort considérable : 2 kilomètres de chemin de montagne jusqu'au sommet des pistes pour passer à peu près tout le monde... J'ai réussi à toutes les doubler dans la première montée.

Je passe enfin sur cet entraîneur national de poursuite qui me détestait parce que j'étais en marge, que je n'avais pas fait de stages avec les pistards – ma saison complète sur route ne me le permettait pas. Il ne me communiquait pas les heures des finales des poursuites ou me donnait de fausses informations. Il fallait parfois que Patrice aille vérifier, à 22 heures au vélodrome, à quelle heure j'allais courir le lendemain. On se méfiait à la fois de ce qui était dit et de ce qui ne l'était pas... Voilà ce que j'ai enduré !

Une dernière anecdote, récente celle-ci. Durant l'été 2008, je participe aux championnats de France sur piste à Hyères – accompagnée, si j'ose dire, par mon public habituel. Je fais un bon tournoi de poursuite et j'accède à la finale. Il faut savoir que les vélos sont soumis à des règlements techniques stricts ; ils sont mesurés. En attendant le départ de la finale, je tournais sur mon vélo de route, je faisais des assouplissements et je voyais mon mari qui commençait à faire de grands gestes. Je me suis dit qu'il y avait de l'électricité dans l'air. J'ai vu que les choses tournaient au rififi entre

Patrice et le commissaire principal de la course qui n'acceptait pas mon vélo. Je me suis rapprochée pour écouter le commissaire : il arguait du fait que mon vélo n'était pas aux cotes et Patrice disait le contraire – il connaît parfaitement le règlement. Selon la morphologie des athlètes, des dérogations sont aménagées – notamment, comme c'est mon cas, pour les coureurs de petite taille. Patrice a opposé au commissaire le règlement international, qui implique que l'on doive me faire monter sur la bicyclette afin de prendre une autre cote. Et le commissaire refusait. Patrice a donc téléphoné au commissaire international, responsable des règlements, lequel a confirmé ses arguments. Patrice a passé son portable au commissaire de la course, qui a déclaré : « Moi, je fais ce que je veux. » Et le commissaire international de déclarer : « Si la France veut se désolidariser de l'UCI, c'est son choix. » La tension est montée. Et Patrice a déclaré au commissaire de la course : « Si vous ne voulez pas que Jeannie prenne le départ de la finale, on appelle un huissier, on prend toutes les cotes et on engage une procédure. » Le public, qui m'est acquis, s'est mis à gronder. Finalement, j'ai couru la finale.

Cette scène s'est reproduite en juin 2009 au contre-la-montre du championnat de France. C'est le même commissaire principal de course qui était là. Il a encore mesuré mon vélo. Il ne voulait pas me faire partir. Je suis restée calme, les secondes s'égrenaient, il restait dix secondes avant le départ et je n'avais toujours pas mon vélo. J'ai vu Patrice l'arracher des mains du commissaire, monter les marches de la rampe de lancement en courant et m'amener la bicyclette. Je suis partie avec quelques secondes de retard.

Incroyable et révoltant !

De la discipline et de la liberté

Durant mes années de collège, j'étais chez les sœurs où les mots « discipline » et « indiscipline » étaient monnaie courante. « Indisciplinée », c'est quelque chose qu'on avait sur le carnet scolaire. Moi, j'avais droit à « insolente et indisciplinée » parce que je prends tout avec humour – enfin, je donne cette impression d'humour, de détachement et, parfois, d'ironie. J'ai beaucoup de rigueur dans mes démarches, mais je n'aime pas la rigueur encadrée. Le carcan ne fait pas avancer, au contraire, il empêche les initiatives et les développements, il les brise. C'est le cas d'un règlement intérieur qui aurait tendance à diminuer les choses. Il ne faut pas rendre contradictoire la discipline (c'est-à-dire la rigueur) et la liberté. C'est un mot auquel je tiens beaucoup. La discipline, c'est le fait d'organiser, d'optimiser et donc se donner une discipline, c'est s'imposer certaines choses. À condition qu'on le décide soi-même ! Qu'on use seul de sa liberté ! Ne pas confondre discipline et règlement. Le règlement peut être utile parfois parce que l'anarchie... moi, je suis à la limite anarchiste, mais c'est une autre histoire. En revanche, j'essaie de ne pas déranger les autres. Je suis très citoyenne. Quand on est « bourré » de règlements, il n'y a plus de citoyenneté. Plus on met des carcans aux gens, plus ils en ont marre et vivent en égoïstes. Il ne faut pas, encore, rendre contradictoire « discipline » et « originalité ». C'est le fond du problème. C'est ainsi que le talent peut émerger.

Je n'ai jamais réussi à coïncider avec le système du sport. J'étais le mouton noir. Quand on est premier, le résultat est une obligation. C'est l'épée de Damoclès. Dès l'instant où j'étais deuxième, on était content de pouvoir se débarrasser de moi. Trop content parce que, justement, on savait très bien que, tant que j'étais première, il était difficile – quoiqu'on l'ait fait et sans hésiter – de m'éliminer, mais on ne demandait que ça parce que je suis l'antisystème. Un système, c'est d'emblée une réglementation, des carcans, des limites, des frontières, lesquels ne sont absolument pas faits pour optimiser les résultats. Ce n'est ni « élitiste » ni perfectionniste. On fait ça pour que ça ronfle. Donc, généralement, c'est un système nivelant. Pléonasme !

Il y a une fédération, un président, un comité directeur et des élections. Tous les systèmes sont identiques. C'est comme un conseil d'administration. Il y a du copinage, du « grenouillage » et ceux qui occupent les bons postes (pourquoi ne pas le dire ?) ne sont pas nécessairement les plus compétents.

Entre deux personnes dont le niveau est identique, on choisira celle qui colle le plus au système. Elle est plus sûre, c'est un produit fédéral plus gérable. Généralement, on les prend jeunes, c'est plus facile, ils sont plus malléables ; cela laisse une marge théorique : quand ils sont jeunes, ils peuvent toujours progresser, ils seront meilleurs plus tard...

Le seul but d'un système, c'est d'être rentable : ce que l'on calcule, c'est le retour sur investissement.

On ne s'aperçoit pas que, le plus souvent, le produit du système est conventionnel, ennuyeux sur la longueur. Vous avez une convocation, vous allez à Paris, vous prenez l'avion, vous participez à votre épreuve, vous arrivez dans les grands hôtels – plus petits pour les filles ! Il faut organiser, à telle heure entraînement et reconnaissance, à telle autre on va manger, le soir : réunion. Voilà le système. Moi, je pars à l'aventure, c'est complètement différent. Je prends *mon* avion. J'ai déjà réservé tous *mes* billets, j'ai tout fait toute seule. Donc, il y a une part de travail. C'est fatigant mais ce n'est pas mal. Je ne vais pas forcément dans des hôtels, plutôt dans des gîtes, des maisons, chez des gens. J'appelle l'organisateur et je lui dis : « Tiens, j'aimerais venir participer à votre course, pensez-vous pouvoir me trouver un logement ? – Venez chez moi. » J'ai rencontré une multitude de gens. Je pourrais loger gratuitement jusqu'à ma mort – et peut-être même qu'il me faudrait plusieurs vies pour revisiter des amis rencontrés au gré des courses. On n'est pas très liés mais ce sont des gens qui seraient ravis de me revoir, et moi aussi.

Pour l'entraînement, c'est pareil, je ne me laisse rien imposer. « S'il fait beau, on part à quelle heure ? » « Finalement, il ne fait pas très chouette, on va attendre un peu. » « On partira quand il fera meilleur. » « Aujourd'hui, il fait moins bon, on va faire plus court. » « Demain, il fera meilleur, on fera plus long. » C'est ça, l'originalité. C'est déjà l'adaptation avec les éléments. Ce n'est pas ennuyeux. Tiens, par exemple, je suis en stage d'entraînement aux États-Unis, et devant ma maison il y a une renarde que j'ai pu apprivoiser et qui rentre pratiquement dans la cuisine. Je suis allée acheter du poulet dans un grand magasin pour nourrir ses renardeaux. En fait, j'aime faire du haut niveau tout en faisant quelque chose d'ordinaire. Tout en n'étant pas à côté. J'ai l'impression que les sportifs de haut niveau vivent à part et de façon incomplète. Ma vie est aussi à part, mais j'essaie de ne rien rater et de vivre pleinement.

Il n'y a pas que la discipline. Il faut y ajouter l'éducation. C'est aussi une question familiale. J'ai été éduquée dans le respect et dans la politesse même si j'avais, comme tous les gamins, des failles. Mes parents avaient une morale.

Mes sœurs sont toutes humaines dans le vrai sens du terme. Ma sœur aînée, architecte, est perfectionniste dans son travail, fait attention à tous les détails : elle s'est lancée dans des chantiers de rénovation avec Habitat et Humanisme. Ma sœur cadette, professeur, passe un temps fou à préparer ses cours alors qu'elle a de nombreuses années d'expérience derrière elle et qu'elle pourrait bien s'endormir sur ses lauriers. L'éducation joue beaucoup. Ma mère était sévère, affectueuse mais très sévère. À force de tout laisser aller, les gamins n'ont plus de repères parce qu'ils n'ont pas assez d'interdits. Quand ils sont jeunes et qu'ils n'ont pas connu de difficultés, plus tard ils ne pourront pas reconnaître ces difficultés. Ça ne sert à rien d'être discipliné pour être discipliné, notamment pour quelque chose dont on n'a pas la passion. C'est évident.

Aujourd'hui, on a du mal à connaître ses passions et ses objectifs. Les gens se dispersent. Ils ont trop de flashs et de signaux de partout. En fait, ils n'ont rien de vraiment solide.

La communication virtuelle n'est pas ma tasse de thé. J'ouvre l'ordinateur parce que j'y suis obligée. Je ne peux pas toujours vivre hors du temps. Alors il m'arrive de lire les nombreux messages simplifiés qui me parviennent en phonétique. Moi qui aime le choix des mots parce qu'une phrase se pense et se peaufine, je suis servie ! Je n'ai pas de téléphone portable et écrire un SMS me prendrait des minutes ; cet objet pourrait justifier son utilité si l'on n'en faisait pas un usage abusif. On a perdu, à cause de lui, la notion de priorité et le sens de l'organisation à moyen terme : il ne sert à rien d'appeler pour dire que, comme prévu, l'avion se pose et qu'on arrive à l'heure. Tout comme il est futile de déranger pour confirmer la confirmation. C'est dans les grands malheurs qu'on parvient à suspendre le temps et à dégager les priorités.

Oui, je préfère de loin le face-à-face : la voix, c'est exact, peut révéler l'émotion mais les yeux sont imparables. Le regard parle. C'est de cette communication vraie dont nous avons tous besoin.

Top secret

Savez-vous pourquoi je n'aime pas me mettre à table en compagnie, avec des convives – hormis mes proches, bien entendu ? Pour éviter cette sensation désagréable et qui me coupe l'appétit d'être épiée dans mes moindres choix nutritionnels. « Ah, vous mangez ceci, vous ne prenez pas cela, c'est donc ça le secret de votre forme ! » Alors, je mets ma bouchée dans un petit coin de la joue en la gardant pour plus tard – je sais déjà que je mangerai davantage à la maison –, et je réponds à l'invitée assise à ma droite (bien maquillée et un peu en chair) et à mon voisin de gauche (voûté à lunettes qui veut « en faire » trop) que je n'ai pas de secret : seulement de la mesure, de la raison et, pour ce qui concerne les médailles, j'explique qu'elles sont le fruit d'efforts et de paramètres qui font la différence. La qualité de l'entraînement prime avec l'excellence du matériel. Vient en plus tout ce qui peut améliorer les capacités de son corps... Mais mon discours est trop vague : les convives font la moue et restent sur leur faim ! Il s'agit de délayer. Ainsi, je m'embarque pour une miniconférence sur l'alimentation, l'hygiène de vie et les compléments alimentaires. Le scénario est devenu tellement classique que j'ai fini par écrire un livre[1] sur le sujet. J'ai acquis cette connaissance de la nutrition en me concentrant sur mon poids que je voulais abaisser pour parvenir à distancer Maria Canins dans les cols (1986) : on le sait, les kilos sont l'ennemi des grimpeurs. Je me suis donc procuré des ouvrages sur la physiologie, la biologie, le système digestif. J'ai lu les plus grands nutritionnistes, des « révolutionnaires », comme d'autres issus de la médecine chinoise ancestrale (j'en ai d'ailleurs rencontré plusieurs au cours de colloques). Évidemment, je me suis aussi fiée à ma propre expérience : analyse de mes sensations et réactions.

1. *Vivre en forme*, Anne Carrière, 2002.

Les maîtres mots de la nutrition sont comparables à ceux de l'entraînement : qualité, progression, diversité, adaptation, constance. On ne suit pas un régime de quinze jours totalement déséquilibré (au risque de connaître des carences), en pensant pouvoir maintenir son poids de forme ultérieurement, sans efforts. Non, comme pour tout, rien n'est facile.

Les aliments dont je me nourris sont, en majorité, issus de productions biologiques ou bien de petits producteurs locaux avec lesquels je discute beaucoup sur les marchés. L'origine de ces produits me protège de toutes ces molécules chimiques sournoisement présentes dans les aliments « classiques » : résidus pesticides, colorants, conservateurs, exhausteurs de goût.

Nous sommes omnivores donc je consomme de la viande malgré mon respect et mon amour de l'animal. Mais, là encore, les animaux proviennent de petites exploitations de proximité, souvent biologiques ; ils ne voyagent pas dans les bétaillères de la mort qui partent de Hollande pour échouer en Italie (les porcs finissent en blousons de cuir). Les bêtes de mes fournisseurs connaissent la bonne herbe et s'ébattent.

Mes produits d'entretien et mes cosmétiques sont fabriqués sur une base végétale et sont enrichis aux huiles essentielles bio. Mes ampoules d'éclairage purifient l'air ambiant.

Je cuisine chaque jour avec des produits frais et consomme beaucoup de légumes de saison. Manger avec le temps, s'adapter, c'est finalement plutôt simple : il suffit de réfléchir et d'observer. On mange chaud et cuit dès lors qu'il fait froid, et cru quand la lumière nous apporte l'énergie de l'assimilation. On réduit les calories quand on ne bouge pas mais on nourrit un gamin qui part en randonnée. Une vérité : la fonction crée l'organe. Il faut solliciter ses membres, ses organes, s'oxygéner, s'activer et se reposer. De l'évidence, certes, mais encore de la volonté !

J'ai commencé à me familiariser avec les compléments alimentaires en débarquant aux États-Unis où les boîtes de vitamines sont présentes partout (drugstores, supermarchés, stations-service). J'avais eu droit, quand j'étais jeune et en période de croissance, sur les conseils de ma mère, au foie de morue et à son huile couplée avec des granulés de minéraux, puis à la vitamine C le matin des courses de ski pour combattre le froid et éviter les rhumes. Mais, au cours de ma carrière, j'ai pris grandement conscience de l'intérêt et de l'utilité des vitamines, minéraux, plantes et acides gras pour prévenir les maladies, guérir plus vite, compenser les carences, renforcer l'organisme. Lectures, échanges et expériences m'ont forgée : j'ai participé à de nombreux salons sur la diététique.

J'ai eu la chance, en 1996, fraîchement championne olympique, de rencontrer M. Serrault, directeur de la société Vit'all+ (de compléments alimentaires), que mon personnage et mon image séduisaient. Depuis, notre collaboration – contrat d'image qui se distingue du sponsoring classique, lequel impose à l'athlète le port des marques sur le maillot, sur la tête, les oreilles... –, devenue amicale, n'a pas cessé. Je sais gré, à cette entreprise française, de m'avoir épaulée dans la durée et de ne pas avoir rompu nos accords jusque-là.

Si l'on en croit les chroniqueurs sportifs, 32 ans est un âge fatidique. Une tare ! Donc, comme les autres champions qui dépassent la trentaine, j'ai souffert de la difficulté à me lier à un partenaire.

Il y a une quinzaine d'années, je m'activais pour rassembler des finances. J'ai proposé à une marque, dont le nom s'approche du mien, un café bio dans un emballage écolo en kraft recyclé et recyclable (j'étais en avance !). J'ai voulu également sensibiliser une enseigne de grande surface au commerce équitable (alors complètement inconnu), et l'encourager à vendre du sucre brut non raffiné et du riz complet. J'avais même imaginé un concept franchisé de sandwichs bio à la carte. Je désirais aussi créer des compotes bio spécifiques pour « femmes actives » et d'autres, pour les personnes âgées, dont j'aurais assuré avantageusement la promotion. Généralement, à la suite d'un déjeuner très courtois avec des directeurs généraux et commerciaux dans un restaurant chic de la capitale, j'étais congratulée et remerciée mais le rendez-vous était sans suites. On me volera ainsi mes idées plus tard. Nul n'est prophète avant que la prophétie ne se réalise.

Indépendante et marginale, originale, je n'allais tout de même pas occulter les agences de publicité qui proposent leurs plans d'action, selon la tendance, à coups de millions...

J'ai participé à toutes les olympiades sans sponsor. À la fin de la saison 1995, bien qu'ayant obtenu deux titres de championne du monde, la marque d'équipement sportif qui m'avait sous contrat m'annonce qu'elle ne renouvellera pas notre accord. « Mais, enfin, je prépare les jeux Olympiques à Atlanta l'an prochain ! » On me rétorque que la maison change sa politique commerciale. Ces chargés de communication sont formidables ; tous issus des mêmes écoles, ils ont suivi la même formation avec cette absence de flair, le « petit plus » qui les distinguerait. Avoir du pif ! On vante les mérites d'une belle montre avec les golfeurs, les voitures haut de gamme avec les tennismen ou women, et le camembert, c'est pour les cyclistes : voilà la méthode sans originalité.

Mon image dépasse celle du cycliste : je suis une femme – mûre, selon l'expression consacrée – dans un milieu difficile, avec mon caractère entier et mon authenticité. Je mange bio et je vis dans les montagnes. Il y a matière pour les publicitaires ; ils ne l'ont pas souvent réalisé.

Une sportive qui prend de l'âge n'est pas fiable. Elle va finir par être moins performante, par s'écrouler. On fabrique, on vend et on communique pour les jeunes, bien entendu. C'est peut-être une erreur de raisonnement, d'abord parce que les jeunes n'ont pas forcément les moyens pour acheter. Un athlète en phase montante peut fort bien stopper sa carrière prématurément sur blessure, par saturation ou pour connaître autre chose qu'un terrain de sport... Les nombreuses sollicitations et privilèges qui abondent après ses succès lui font voir la vie incroyablement douce et facile. L'entraînement devient pesant. Un leurre ! La bécasse se cassera les ailes...

Le secret, s'il en est un, se résumerait en une pensée gardée en permanence dans un endroit du cerveau : celle de l'objectif. Cette ligne directrice qui vous gouverne opère un tri : elle garde le bon et élimine ce qui est préjudiciable. Sorte de lutte d'influence permanente entre l'ange bleu et le petit diable rouge. Chacun devrait pouvoir être libre de fixer les limites de son exigence et le temps du relâchement (sans gêner autrui).

Je ne cesse de répéter à mes interlocuteurs que je n'ai pas la forme en continu. Certains jours me sont pénibles : douleurs, raideurs, courbatures, idées grises, manque d'entrain. Je réagis ou bien je laisse passer. Avec un temps de pause, souvent, les problèmes se défont. À nouveau, l'ordre se réforme. Le miracle de la physique au service de l'esprit : lors de la décantation, le liquide reprend gentiment sa place alors que les impuretés tombent au fond du bocal. Il me plaît d'intégrer les phénomènes naturels à des comportements. Rester proche des pâquerettes et de leur enseignement...

Avoir un patron : ce n'est pas pour moi !

J'ai eu des périodes où je n'avais pas d'objectifs, ma tête était vide. C'est affreux pour moi. Aller faire du ski parce qu'il fait beau, c'est bien. Mais aller m'entraîner tous les jours sans savoir pourquoi, ce n'est pas pour moi, pas encore. L'hiver, je vais à Genève au vélodrome couvert pour m'entraîner. Là-bas, je peux travailler spécifiquement. J'adore travailler par intervalles. Aujourd'hui, je travaille le cardiaque, je travaille le démarrage. Mais si je n'ai pas d'objectifs, j'ai quelques scrupules à m'entraîner spécifiquement. « Attends, pourquoi elle fait des démarrages, celle-là ? Elle a arrêté le vélo, pourquoi travaille-t-elle le démarrage ? » C'est sûr que je gagne encore. Des courses nationales. J'étais la première française dans les courses internationales auxquelles j'ai participé en 2008. En 2009, je suis encore leader du classement national. Aujourd'hui, bien sûr que les meilleures Françaises tournent en Coupe du monde, mais le grand public ne le sait même pas. Certaines, par moments, arrivent à être dans le groupe de tête, ce qui est bon. À mon avis, elles ne sont pas bien encadrées. Elles ne font pas les entraînements nécessaires. Quand je cours avec les jeunes, ce n'est pas que ça me fasse sourire mais, à la limite, ça me conforte. Même si elles sont beaucoup plus jeunes que moi, j'ai encore une petite marge, une « longueur d'avance » (pas toujours !). Je peux encore les battre parce que je vois leurs failles et je vois que ce n'est pas « travaillé ». Si j'étais leur entraîneur, je ferais différemment. Une petite jeune qui a participé à une Coupe du monde en Italie (2009) m'a raconté ce qui s'est passé. L'entraîneur national a apparemment fait une équipe de jeunes – parce qu'il s'est dit que c'était plus facile à maîtriser. Elles sont arrivées le samedi et la météo n'était pas bonne. L'entraîneur leur a demandé de se mettre au vélo l'après-midi alors qu'il pleuvait et qu'il faisait froid. Les filles ont râlé. C'est insensé de faire du vélo la veille d'une Coupe du monde sous la pluie glaçante. Elles peuvent déjà attraper une maladie et, le lendemain, avoir musculairement un blocage complet. À la limite, elles auraient pu faire du training, du vélo sur rouleaux, mais parce que l'entraîneur avait envie de marquer son autorité, et leur faire comprendre que le vélo est dur et qu'elles sont là pour en baver et non pour s'amuser, elles se sont pliées. C'est l'inverse de ce qu'il faut dire aux jeunes à ce moment-là. Elles n'étaient pas en stage. Paradoxalement, le même entraîneur, la veille du championnat du monde avec les grandes, se la joue très relax, bonnes relations publiques, et veut décontracter les filles en les emmenant visiter un château. C'est ça, la compétence nationale ? Comment vouloir être dans le système ? Avoir un patron, ce n'est pas pour moi !

J'adore travailler avec des gens compétents. Des gens qui ont du savoir « de terrain », de l'expérience, alors je suis admirative. Ça me plaît. Maintenant nous sommes copiés dans les entraînements spécifiques, Patrice et moi. Je connais l'entraîneur d'Armstrong. J'ai couru avec lui, c'est un gars du Colorado. Les méthodes de travail dans le cyclisme ont copié Longo-Ciprelli même s'ils ne veulent surtout pas l'avouer. Il y a plusieurs années, nous avions coécrit un livre sur l'entraînement, *Performances et records*[1], complètement novateur avec le système d'auto-évaluation et l'introduction de différents niveaux d'intensité dans l'entraînement. Il y a désormais des scientifiques qui sont contents de se mettre devant un tableau et dire : « Bref, ce sont nos termes... des choses prises dans nos bouquins. » Ça n'existait pas avant.

---

1. Ciprelli, Demenois, Longo, Éditions Longo S. A., 2002.

Les médias et moi : fausse image

J'étais moins « populaire » qu'aujourd'hui à l'époque où j'étais très médiatisée. En fait, on ne peut pas être populaire si on gagne tout ; on ne peut pas être franchement apprécié. C'est curieux mais c'est ainsi. Rien n'est logique dans cette affaire. J'avais, d'une certaine façon, l'image de Lance Armstrong – sauf qu'il traînait derrière lui l'odeur de l'argent et qu'il est plus engagé que moi. Bref, j'avais un maillot de leader quand j'arrivais au sommet des étapes, j'étais pressée, j'attendais de rentrer vite à l'hôtel me laver, manger, me faire masser et puis dormir. Si vous restez une heure sur vos cannes à signer des autographes, à sourire et à répondre à tout le monde, le lendemain, vous risquez de perdre votre maillot jaune. Vous ne pouvez pas être populaire quand vous avez des engagements et des obligations. Vous ne pouvez pas être gentil et souriant si vous avez des tensions. Domenech a dit, au bout d'un moment: «J'en ai ras le bol, quoi que je dise, c'est mal pris. Maintenant, l'essentiel, c'est que l'équipe tourne.» Il n'est donc pas aimé des médias. Pourtant, c'est vrai, il a raison.

On aime bien démolir les champions en France. On aime bien aller chercher la petite bête surtout quand c'est d'une femme qu'il s'agit. Il me semble qu'aux États-Unis, au contraire, dans le bon sens du «nationalisme», ils valorisent leur patrimoine humain. Ils n'ont pas intérêt à le démolir. Si j'avais été championne américaine, avec tous les titres que j'ai acquis à la fin des années 1980, j'aurais fait des couvertures de magazines. Malgré ça, moi, petite Française, j'ai quand même eu droit à des articles dans le *USA Today*, le *New York Times*, le *Dallas Morning News*. C'est assez exceptionnel. Si j'avais été américaine – comme j'ai failli le devenir car j'étais sur le point d'obtenir la double nationalité[1] –,

1. La directrice de la Fédération nationale de cyclisme américaine m'avait demandé, en 1997, de devenir sa collaboratrice.

j'aurais été une star comme Mary Lou Retton, j'aurais été sur des paquets de je-ne-sais-quoi, j'aurais vendu... Et aussi parce que je faisais du vélo – une femme dans le vélo, c'est rare. C'est ce qui a fait ma cote, le fait que je me sois débattue dans un milieu complètement masculin. Je n'ai jamais été comprise par mes concurrentes. Elles m'en ont toujours voulu, sûrement beaucoup détesté par jalousie. Elles avaient l'impression que je faisais tout pour qu'on ne parle que de moi. Encore maintenant. Pourquoi parle-t-on de Longo ? Si on ne parle plus de moi (ça m'ennuie de le dire), mais on ne saura pas qui est deuxième. Encore mieux : si je fais deuxième, c'est grâce à moi que l'on connaît le nom de la première parce qu'on aurait, hélas, même pas su que se courrait le championnat de France féminin.

L'Équipe n'a jamais été mon journal de chevet. Les revues de presse ne me mettaient pas la pression. J'y lisais toujours les mêmes choses classiques : description du circuit, Longo favorite.

Si la presse m'aime bien aujourd'hui, c'est parce que j'ai mûri, j'ai pris de la bouteille. Je suis de l'âge des présentateurs et même plus âgée. Les animateurs me respectent, ils m'appellent Mme Longo. Au fil de ma carrière, il y a eu du respect. Voilà, du respect !

Avant j'étais tendue. Parce qu'il y avait un enjeu permanent, il y avait de la fatigue. Maintenant je suis plus cool... dans mon chalet avec mes chèvres. Quelques objectifs de temps en temps ! C'est tout !

Je me suis toujours tenue sur la réserve avec les journalistes. Quand j'étais « forte », à la fin des années 1980, certains sont venus à la maison (reporters, cameramen, preneurs de son), je les ai reçus... J'ai été sympa avec eux et, pourtant, ils m'ont « cassée ». Moi, quand je les recevais, ce n'était pas pour les flatter, seulement ça me faisait plaisir d'avoir du monde à la maison, je faisais la cuisine, j'ouvrais une bonne bouteille. Malgré ça, j'avais des articles qui expliquaient que j'étais « impossible ». Je suis vaccinée ! En fait, un article qui m'aurait décrite comme sympathique ne rapportait rien. Ce qui rapportait à l'époque, c'était mon image d'« emmerdeuse », de rebelle : celle qui est « contre » systématiquement.

Oui, quand j'étais championne, je n'étais pas « populaire » : ce sont les journalistes qui vous emmènent dans ce « truc-là », dans cette image-là. Quand, ensuite, j'ai moins gagné, au contraire, les journalistes ont remarqué que ce qui était vendeur, c'était tout ce qu'il y avait derrière...

Les journalistes suivent les tendances. Hélas ! leur sens du métier finit souvent par l'emporter sur leur discrétion.

Ils m'ont fait pleurer, ces journalistes. Je n'achetais pas tous les journaux. Je ne fais pas de l'autosatisfaction. Il y a toujours des copains ou des copines qui me les envoient. Finalement, j'arrivais toujours à les avoir. Il n'y avait pas Internet à l'époque. J'ai boycotté *L'Équipe magazine* pendant des années car je pense qu'un rédacteur en chef doit pouvoir contrôler ce qu'il publie, quand même ! Je veux évoquer ici un édito en dernière ou avant-dernière page écrit par un ancien rédacteur en chef. Dans son article, il a écrit à mon sujet : « ventre sec. » Je ne lui avais rien fait. Ce mec est un tordu. J'ai lu, sur moi, des choses méchantes. Encore, qu'on dise que je cours mal, mais juste des méchancetés gratuites...

Des années plus tard, j'ai passé trois semaines avec la rédaction de *L'Équipe magazine* pour préparer un numéro spécial qui m'était consacré : il fêtait mes 50 ans. J'en ai un excellent souvenir. À preuve, les hommes changent et moi aussi.

Aujourd'hui, il importe peu, pour la presse, que je gagne ou perde. En revanche, on me suit toujours. Si jamais j'y arrive, ils disent que c'est extraordinaire, et si je n'y arrive pas, on dit que c'est normal. On me suit plus pour la longévité et l'attachement du public. La presse sportive était, au début, intransigeante sur le résultat. Quand j'étais deuxième, on ne titrait pas sur la première, on disait : « Longo a perdu, Longo est deuxième. » Côté caractère, j'étais la méchante parce que c'est vrai, je l'avoue, j'ai un sale caractère. Je suis très entière. Ce n'est pas mal. On peut être très pénible et très gentille aussi. Je suis loin d'être tiède. Comme j'étais une femme, la presse cherchait des conflits entre filles. Une de mes plus fameuses concurrentes françaises, à fort caractère aussi, voulait accéder au plus haut sans passer par la case Longo. En plus, elle tombait dans le jeu parce qu'elle était jeune.

Alors, c'était : « Ne me parlez pas de Longo, je ne veux pas entendre parler d'elle. » C'était vendeur et cela entretenait l'affaire.

Autre exemple : dans le peloton féminin, quand les filles chutent, on invoque le manque d'agilité alors que les hommes tombent de partout tous les jours. Pour eux, c'est dangereux parce qu'ils vont vite, et pour nous, parce que nous sommes maladroites.

Durant les grandes compétitions, celles du Tour de France, je ne me suis pas trop découverte, j'ai gardé mon jardin secret. J'avais 30 ans. Je voyais les journalistes sur le « terrain ». Mis à part un ou deux qui me connaissaient vraiment et quelques articles de fond qui étaient assez bons, pour le reste, on lisait toujours que j'étais égoïste, égocentrique, cannibale, la fille axée sur les résultats et qui veut gagner tout le temps – ce que je n'étais pas forcément. Puis, petit à petit, au fil de ma carrière, sont apparues, pour eux, des qualités d'altruiste, mes qualités morales qui sont venues se greffer. J'eus droit alors à des articles et des interviews de fond. Les gens ont appris à me connaître. Je ne me reproche rien quant à mes déclarations de jeunesse. Toutes les femmes ont eu droit à ça. Il y a eu Laure Manaudou et Marie-José Pérec qui ont été « cassées » aussi. Un homme aurait été beaucoup moins agressé. Les champions masculins, quand ils font preuve de tempérament, on dit qu'ils ont du caractère, mais une femme qui montre autant d'audace a, péjorativement, un « caractère de bonne femme », de femelle impossible. Je suis tombée dans « la révolution de la femme », j'ai fait des rencontres à la Sorbonne. Antoinette Fouque voulait que je reprenne le mouvement du MLF, que je sois à sa tête, « pour que les femmes ne perdent pas pied ». Elle a raison. J'étais à une époque charnière. Les femmes étaient énarques, pilotes de chasse, P-DG des plus grands groupes... Ces rencontres m'ont enrichie encore davantage que les honneurs.

Je me suis aperçue que, pour d'autres champions ou hommes politiques, à un moment donné, leur image bascule également. À force de trop s'acharner sur la personne, le fil casse. Une fois le sommet de la montagne du dénigrement atteint, les journalistes ne peuvent plus rien dire de plus. Ils peuvent continuer, mais la population dit : « Non, là c'est trop, il faut arrêter. » Genou à terre, l'opinion vous relève. Ensuite, au contraire, les avocats généraux commencent à être plus objectifs, moins « acérés », plus « justes » dans le bon sens du terme. C'est la population, c'est-à-dire l'opinion, qui restaure l'image. Le public est mon meilleur allié.

Je pense que ce qui n'a pas convenu aux médias, ce fut mon manque de coopération passive. Accepter d'être cette pâte à modeler façonnée par eux puis remise en boule au gré des mains. J'ai essayé de limiter les dégâts. Il faut toujours jouer fin avec eux. J'ai appris justement à lancer des informations clés sachant qu'elles allaient être reprises. J'ai appris à me servir d'eux. En général, je ne me trompe pas. Je sais très bien ce que je dois livrer, juste ce que je dois confier. La vie est un jeu d'échecs. J'aime bien ce jeu même si on peut perdre, certes. Anticiper les réponses de l'autre : quel type de médias, quel type de support, ce que je pouvais dire et ne pas dire, savoir ce qu'ils vont faire de ce que j'ai dit. Sur la méthodologie, ils sont classiques ; mis à part certaines plumes qui écrivent pour écrire, pour faire du beau papier, le reste veut gagner sa croûte donc ils écrivent ce qui va plaire au rédacteur en chef. Je les appelais des « corbeaux ». Je me suis aperçue que les journalistes qui prenaient de la bouteille sont autant malmenés que les quinquagénaires dans les autres métiers et donc on se rapproche parce qu'ils souffrent des jeunes loups qui arrivent. Regardez Marc-Olivier Fogiel. Comme lui, beaucoup de types dans ce métier sont, au départ, des gamins, des roquets qui font leurs armes et qui montent comme ça. En prenant un peu d'âge, ils deviennent plus humains. Ils n'ont plus besoin d'être salaces, de dire des méchancetés et de transformer leurs invités en petits oiseaux apeurés et repliés. Sur la défensive, un interviewé ne livre rien de bon.

Au demeurant, je ne me suis pas totalement servie des médias, je n'en avais pas besoin. Je n'ai rien à vendre, même pas mon image. Je ne suis pas partie prenante de ce « système » de communication.

Actuellement, une émission avec des invités, c'est forcément pour vendre (un livre, un film, un disque). Souvent, on m'appelle pour participer à une émission, je me force à monter à Paris (six heures de TGV, une journée sans montagne), j'y vais pour faire plaisir à l'animateur qui me fait l'honneur de m'inviter.

Il faut quand même réfléchir à chaque fois : est-ce que je suis instrumentalisée ? Quand on est un champion, on a l'impression que tout le monde vous aime, enfin, à part vos ennemis, vous êtes très courtisé. À chaque fois, il faut se poser la même question : est-ce que cette personne est à côté de moi parce que je suis Jeannie Longo ou la championne de cyclisme ?

Dernièrement, j'ai demandé à Guillaume, un copain, 30 ans, aimable avec un brin d'égoïsme, qui me considère comme sa deuxième mère, et avec lequel j'ai fait des courses en duo, pourquoi il était avec moi. « Est-ce parce que je t'ai filé un boyau ? Ou parce que je t'ai fait accéder à des privilèges ? Ou parce que tu m'aimes bien ? » La réponse est forcément tout ça à la fois. Il est fier de courir avec moi. Quand, le lendemain, il va à l'usine et qu'il se voit sur une photo avec moi, il est content. Je le secoue parfois. C'est vrai que, s'il réalise, ça sera très triste. Je me dis, finalement, que si je n'étais rien du tout, j'aurais bien moins de monde autour de moi à 51 ans. Là aussi, il faut faire la part des choses parce qu'il ne faut pas être prétentieux non plus. C'est vrai que j'étais courtisée par les politiques quand j'étais avec Carignon à la mairie de Grenoble. Mais je me dis que je n'étais pas qu'une image ! La politique, c'est un peu prétentieux de le dire ainsi, mais je pense en avoir la fibre.

Au début, par moments, des élus m'invitent parce que je fais décoration. On sait qu'on va avoir une photo parce qu'on est aux côtés d'une championne. Ensuite, quand je prononce un discours, ils se disent que, tiens donc, je ne suis pas simplement une image sage mais que je lance aussi des idées politiciennes. J'aurais apprécié être conseillère en communication d'un élu ou d'une personnalité importante : exploiter ma capacité de juger les hommes et savoir leur parler assez crûment sans les blesser, avoir ce courage de contredire leurs façons d'être et de décider. Les hommes politiques sont des êtres fragiles qui accordent leur confiance à des vassaux flatteurs et déférents.

Alain Carignon avait beaucoup de charisme, c'était une bête politique. On s'est servis l'un de l'autre. Il m'a présenté J. Chirac. Il m'a prise comme ambassadrice de la ville de Grenoble, responsable des relations internationales. C'était officiel au moins. J'étais quatrième adjointe, chargée des sports. Six ans de responsabilités à la mairie m'ont bien plu. Une authentique éducation civique. J'ai mûri, évolué. On m'a laissé une liberté totale. Je me suis battue pour obtenir un budget conséquent. Grenoble est ville-centre. En tant qu'adjointe, j'étais partie prenante de syndicats intercommunaux. Une fois votre mandat acquis, vous choisissez vos présences dans différents groupements. Les réunions étaient très intéressantes avec des thèmes variés comme la voirie, les investissements, la SPA. Au début, vous comprenez le fonctionnement, ensuite vous vous impliquez. J'ai toujours aimé apprendre.

Quand le ministre Carignon a connu de fortes attaques, les rats ont sauté du navire. Avec ma détermination habituelle, j'avais décidé de l'aider. Je n'ai pas failli à ma mission.

Une gamine, toujours une gamine...

À 25 ans, j'étais pleinement vivante. Pour ma part, je suis marquée par la valeur famille. Cette valeur est de plus en plus rare aujourd'hui : l'unité papa, maman et les frères et sœurs. Le fait d'avoir perdu ma mère, de voir mon père âgé, m'a touchée. Je reviens en arrière : quand je gagnais des courses, ma mère avait 56 ans et ce sera bientôt mon âge. La famille, c'est comme un oreiller, comme un coussin de sécurité. Je n'ai pas l'impression d'être une adulte. C'est amusant. Pendant des années, je me suis aperçue que j'étais en contact avec des personnes que je considérais comme étant adultes alors qu'elles avaient presque le même âge que moi. Quand je vois des hommes politiques, j'ai l'impression qu'ils sont adultes et que je suis encore une gamine qui s'amuse sur un vélo alors que je suis plus vieille qu'eux. Je dois avoir dix ans de plus qu'eux. Ils ont une démarche de responsables qui leur donne ce côté adulte alors que, moi, je suis restée une gamine, et c'est ce qui m'a aidée aussi dans ma carrière. J'ai vu des générations passer et je continue d'être une battante. Évidemment que je suis marquée physiquement. Avec mes rides, je fais mon âge bien sûr. Pourtant, j'ai toujours l'impression de ne pas avoir passé le cap. Peut-être que je ne suis pas encore assez mûre...

Depuis le décès de ma mère, j'ai moins ce côté soupape de sécurité. Je ne sais plus trop me ressourcer. Bien que je n'aie jamais embêté ma mère avec mes histoires. J'ai l'impression que, du jour au lendemain, ma sœur aînée est devenue chef de famille. Elle a quatre enfants. Elle est la seule « productive » ! Ma sœur cadette n'en voulait pas. Elle ne voulait pas les mettre dans ce monde. En revanche, elle accueille une Malgache de 19 ans depuis deux ans pour ses études. Étant professeur, elle est en contact permanent avec des enfants. Les hommes ont plus que nous le côté gamin, du moins je le crois. Patrice continue de faire des courses avec des jeunes de 20 ans Il va chercher un peu la castagne sans aucun complexe. Je disais récemment à mon père qu'il ne risquait pas de retourner en enfance parce qu'il ne l'a jamais quittée. Il est irresponsable, mais dans le bon sens.

Les gens responsables sont sans humour. C'est le conformisme. Le ridicule ne tue pas. Je pense qu'il faut savoir parfois prendre le risque d'être ridicule, quitte à l'accepter et le reconnaître. Ce n'est pas si terrible. Tout faire sérieusement sans jamais se prendre au sérieux, c'est ce que j'ai fait tout au long de ma carrière : tout faire professionnellement mais sans jamais se prendre au sérieux. *Idem* quand j'ai fait des réunions avec des hommes politiques. Discuter intelligemment et sérieusement mais arrêter de se prendre au sérieux. D'ailleurs ceux qui s'en sortent le mieux, donc ceux qui sont les plus populaires, sont ceux qui ont une véritable proximité avec les gens. Prenons Jacques Chirac. Pourquoi donner l'image d'un homme complètement rigide alors que c'était un rigolard ? Dans le même temps, il peut être lourd et extrêmement fin. Quelqu'un d'humain et érudit comme François Mitterrand. Un bon vivant. Il fallait mettre en avant toutes ses qualités. Quand il mettait ses lunettes carrées, on aurait dit une machine.

État de survie... État limite...

Le fait d'avoir « réussi » – il faut mettre mille guillemets à ce terme – ne me rassure pas. Je n'ai pas eu de gosses. Je me dis que j'ai été incapable de fonder une famille. Dans un autre sens, je me dis que ça aurait été dur d'avoir des enfants parce qu'il y a une telle insécurité dans le résultat d'une éducation...

Je suis en situation de survie parce que, dans le tourbillon, on est bien obligé de vivre. D'ailleurs, je ne suis vivante que très ponctuellement... Il y a ceux qui ne se posent pas de questions. Ils n'en ont pas conscience. Un couple qui vient de mettre un gamin au monde a plein de projets, il est en train de créer quelque chose. Quelqu'un qui est en train de créer et mettre en place quelque chose n'est pas en situation de survie, il est dans la projection. Moi, non.

Je pense que, pour une femme, c'est important.

De nombreuses femmes ont réussi à concilier leur vie professionnelle et leur vie intime, sentimentale. Seulement, j'ai l'impression que, à chaque fois que l'on choisit quelque chose, il faut encore de la réflexion et de l'organisation. C'est le contraire de l'insouciance. C'est un problème de logistique. Il faut savoir, à un moment donné de sa vie, quelle est sa priorité, sa trajectoire. Je pense que, quand on a un enfant, c'est lui la priorité. Raphaël Poirée l'a dit : dès l'instant où il a eu sa première fille, il n'a plus été champion de la même façon, parce que, jusqu'à la naissance de sa fille, le résultat seul était son principal objectif, celui d'un gagneur à tous crins. Après on devient humain. Donc c'est plutôt positif.

Le conseil que je donne souvent, c'est de cerner ses priorités dans une journée et dans une existence. Je ne le sais pas nécessairement quand je me lève le matin sauf si c'est par rapport à mon agenda.

On ne peut pas courir tous les lièvres à la fois. C'est ce qui perd le monde actuellement. Tout le monde court partout après n'importe quoi, le temps file lentement dans les embouteillages, il s'évapore alors que tout avance à la vitesse folle des « gigabits ». Les gens sont entre leurs portables et leurs ordinateurs. Ils ne sont plus capables de projeter les choses, ne serait-ce qu'à une demi-heure près, parce que tout est fait dans l'instant, sans recul ni anticipation. Ils prennent leur véhicule, mais ils ne se rendent pas compte qu'ils auraient pu attendre une demi-journée, voire une journée, pour faire ce qu'ils allaient faire. Tout fonctionne comme ça. Il y a un manque d'articulation.

Je suis suicidaire, je dis toujours que je n'ai pas eu assez de courage. Je suis dans une situation de survie parce qu'il faut bien y aller, il faut bien continuer. S'arrêter et puis quoi ? S'arrêter de boire et de manger, et se mettre dans son canapé et attendre que ça passe ? Savoir à quel moment il faut stopper les choses quand elles commencent à dégénérer. Voilà !

Je suis contradictoire, j'essaie de donner le moral à mon père. L'autre jour, je lui disais qu'il pouvait encore « servir ». Il ne peut plus skier, il regarde les pistes enneigées avec nostalgie, il « marchote », il mange, il fait la sieste. Son cerveau n'est pas atteint, il a conservé son art de la rhétorique. Il nourrit ses chats. Je lui dis qu'il « sert » encore parce qu'on a besoin de son affection. On a besoin d'un papa. C'est un peu égoïste.

J'aurais pu faire une carrière, à ce jour, qui compterait huit olympiades, si, à Moscou en 1980, il y avait eu une épreuve de cyclisme féminin... Je n'ai pas d'avenir... Les prochains jeux Olympiques auront lieu en 2012. J'aurai 54 ans. Je serai un objet de foire, on m'analysera en laboratoire. Je suis très mûre. À partir de 40 ans, on est marqué par la vie, bien que je reste très gamine. Je sais que je suis « vieille », je vois bien comment je suis. Je sais bien que j'ai plus de 50 ans. En revanche, là aussi c'est paradoxal, j'ai l'impression que mon début de carrière est très loin, que c'est une autre époque. Ça s'est passé très vite mais ce n'est pas très loin en réalité. Dans le sport, on est vite vieux, davantage encore que dans la vraie vie... ça pousse à s'interroger sur sa légitimité et sa place. Je n'ai plus d'avenir, du moins je ne le projette pas.

Pourquoi je continue le vélo ? C'est un lien avec Patrice. Si j'arrête, c'est fini. Je m'en moque de gagner ou de perdre, je suis détachée aujourd'hui. L'année dernière, on a fait Pékin. Je savais très bien que ça allait péter. Je panique. À 50 ans, c'est très dur, tous les problèmes en même temps... J'ai eu 50 ans et, à partir de là, tout est parti en vrille...

À 50 ans, tu es déjà moins bien qu'à 40 ou 30 ans. Alors que dire à 100 ans ? On est dans une société qui se moque des vieux, on les maintient souvent par acharnement thérapeutique au mépris de leur volonté d'exister – et sans considération de leur existence. On respectait les anciens, on respectait leur savoir, on assumait leur vieillesse, on les gardait intégrés à la famille. Aujourd'hui, on va te marcher dessus, on va te dire : « Tu me gênes, tu me prends de l'oxygène. » Se supprimer avant de subir ça. C'est tout. Si je finis mes jours dans une maison médicalisée où on me donnera la cuillère...

Un certain complexe...

Dans ma carrière, au début, on me demandait de gagner, partout, tout le temps. Ensuite, on m'a demandé de prouver que j'étais une femme : « Quand est-ce que vous allez être femme, montrer que vous êtes une vraie femme ? » C'est-à-dire, faire un enfant.

Le magazine *Télé 7 jours* m'avait dit : « Quand vous aurez un enfant, on fera la une sur vous. »

Ne pas avoir d'enfants, c'est un manque et une blessure. C'est une blessure à cause de ce que j'ai pu entendre, et c'est un manque parce que j'ai l'instinct maternel. J'aurais aimé donner mon amour maternel à un enfant.

J'ai pensé adopter un petit : c'est une crise de conscience. C'est si difficile... Pour moi, on n'achète pas un être humain comme on va au magasin. Bien entendu, il est évident que rien n'est plus beau que donner un doux foyer à un être.

Je suis seulement cycliste, je ne suis pas une femme d'affaires, je ne suis pas mère.

C'est le regard de la société qui est « complexant ». Son système médiatico-commercial. Curieusement, et c'est ironique, l'athlète qui devient mère est portée aux nues. C'est très tendance. Les mères championnes montent sur le podium en brandissant leurs marmots comme un trophée. Les flashs crépitent.

En 1989, j'avais un palmarès extrêmement étoffé et j'ai arrêté le vélo pour faire un enfant. Je pensais qu'il était temps. J'avais envie d'avoir une vraie vie de famille, enfin une vie de famille plus concrète. Et j'ai repris le vélo à cause du défi de 1992 (JO). Ce qui était dur à vivre mentalement, c'est un corps d'athlète « hyperperformant » qui, si on ne le maintient pas, risque de s'écrouler. Oui, évidemment, j'avais ce corps qui allait se transformer et devenir moins performant pendant un moment, mais j'ai aussi eu peur de ne pas assumer correctement mon rôle de mère dans la mesure où je pensais que Patrice me pousserait à nouveau dans la compétition. Je pense que j'ai eu peur de ne pas avoir mon enfant « à moi », parce que, éventuellement, j'aurais repris la compétition. Pour moi, avoir un enfant, c'était arrêter la compétition. Mais, honnêtement, avais-je au fond envie d'arrêter ?

Et puis j'ai raisonné assez mal. Il y a beaucoup d'athlètes qui sont revenues à très haut niveau après un accouchement. Je ne sais pas si j'ai eu peur de ne pas pouvoir revenir ou bien de ne pas pouvoir profiter pleinement de mon bébé parce que je serais remontée en selle. Je n'en sais rien. Je sais seulement que, psychologiquement, c'était pas ça... Et puis il y avait trop de tension, trop de fatigue... Et, au fond, l'enfant, ça n'était pas suffisamment un projet à deux.

« Continuez à nous faire rêver »

Depuis Atlanta (1996), je pense à arrêter, à faire autre chose – c'est le complexe de la fille qui ne sait faire que du vélo. Depuis quelques années, je suis tombée dans une démarche d'acceptation de cette carrière prolongée. Je me suis dit, par exemple : « Athènes, pourquoi pas ?... Peut-être que je ne suis capable que de faire ça... » Et des personnes m'écrivaient : « Continuez à nous faire rêver. » C'est une « notion » de service public ! Ce qui me retient d'arrêter, c'est ce que je peux apporter en étant encore présente à haut niveau. L'espoir, le courage, l'image d'un sportif différent, humain. Si j'arrête demain, il va falloir que je me trouve une utilité.

Accepterai-je d'être larguée, de me retrouver en queue de peloton ? Pas évident. C'est pas facile de mettre quelques minutes de plus sur la montée de l'Alpe-d'Huez.

Depuis plusieurs années, après la trêve hivernale, il faut s'y remettre et, là, c'est tempête sous un crâne. Qu'est-ce que je fais ? Est-ce que je continue pour la saison future ? Vais-je reprendre l'entraînement, ou vais-je me laisser aller et tout perdre car, à mon âge, c'est très rapide ? C'est stressant. C'est une petite mort... comme quelqu'un qui part à la retraite du jour au lendemain. Oui, une petite mort. Je pense qu'il y a des milliers de gens qui vivent ça. Un grand choc psychologique, un grand bouleversement.

L'hiver, je fais de la piste – de l'entretien –, je continue à faire des efforts en intensité. Je suis relativement dans « le repos de l'esprit » parce que je n'ai pas de choix à faire, je continue à faire du vélo... Quand arrive le printemps, c'est toujours le même dilemme : vais-je reprendre les courses, m'inscrire ? Je sais que si je ne m'inscris pas, si je n'y vais plus, je suis condamnée, c'est fini – à mon âge, on ne peut plus se permettre de ne pas courir pendant des semaines, de ne plus s'entraîner.

Je suis toujours prise dans cette tourmente, dans cette tempête.

Le vélo féminin (en particulier), le sport (en général) et le fric ! Folles pratiques

« Pourquoi ne vous voit-on pas plus souvent à la télévision ? » Combien de fois ai-je entendu cette question ? Ce qui est visé là, c'est évidemment le manque de retransmission des courses féminines.

Au mois de mai, on a droit à trois semaines de tennis avec le tournoi de Roland-Garros, puis c'est le Tour de France qui prend le relais, en juillet.

Contrairement au cyclisme, les femmes, dans le tennis, sont à l'honneur. Leurs demi-finales et finales ont lieu aux meilleurs horaires – les plus favorables en terme d'audience. Ces dames en jupette blanche ont su s'organiser très tôt ; regroupées dans une ligue professionnelle, leurs prérogatives, exigences et revendications ont été assimilées et satisfaites (des prix à la victoire égaux à ceux des messieurs, du respect pour leur jeu).

Nous, « les petites naines du macadam », comme je nous avais qualifiées par opposition aux « géants de la route », manquons terriblement de reconnaissance. Pourtant, nous roulons vite et techniquement, tactiquement, la course est à l'image de celle des hommes ; nos distances sont plus courtes (certes), nos moyennes souvent inférieures, mais la victoire en trois sets passionne autant qu'en cinq ! Alors, *quid* de ce gouffre qui nous sépare du cyclisme masculin ? J'observe que quelques secondes seulement sont accordées pour montrer l'arrivée victorieuse d'une Française quand l'intégralité de la retransmission de la course est assurée dès qu'il s'agit d'homologues masculins. Ne parlons pas des prix de courses féminines qui peinent à représenter le centième des prix délivrés aux hommes – dans les très rares organisations que nous avons en commun.

À plusieurs reprises, la retransmission de notre championnat du monde sur route fut écourtée, voire différée, au profit d'un match de tennis parce qu'il y a davantage d'argent à prendre. L'explication théorique de ce « phénomène » est bancale : comme pour tous les sports « mineurs », pas d'argent dans le cyclisme féminin, donc pas d'annonceurs, donc pas de projecteurs. Voilà l'équation invariable ! Qui fait l'œuf ? Qui fait la poule ? On pourrait bien éclairer d'abord, faire tourner la caméra et accueillir ensuite les partenaires financiers ; de la vente « à découvert », en quelque sorte.

C'est en 1992, aux JO, qu'on s'est rendu compte, grâce aux médailles de l'année, que le biathlon était un sport spectaculaire. Depuis lors, on retient son souffle avec le tireur et on encourage le skieur de fond.

Le sport moderne est aliéné par cette notion de rendement qui détruit toute considération humaine et émotionnelle. Et l'homme ? Tient-on compte de l'athlète, par exemple lorsqu'on programme des compétitions qui dérèglent toutes ses habitudes ? Du rugby en plein hiver, des nocturnes par grand froid, des finales de natation aux premières heures du jour pour compenser le décalage horaire entre Pékin et les États-Unis. Non, seules comptent l'audience, l'heure de passage sur les écrans et la visibilité du «produit».

Dans un numéro de *L'Équipe magazine* qui m'était entièrement consacré, j'écrivais, en 2008, dans un éditorial[1] :

«Lorsqu'en cyclisme le début de course laissait tout loisir aux coureurs de récupérer de l'étape éprouvante de la veille en pédalant mollement, le Tour de France semblait plus humain. La prise d'antenne dès le départ supprime cet "échauffement", on montre les maillots dès les premiers kilomètres par des attaques et des échappées pour satisfaire les partenaires. Que penser des courses de Coupe du monde de ski alpin organisées en nocturne sur des pistes éclairées, les slalomeurs étant contraints de partir s'échauffer à l'heure où la froidure s'abat sur la station ?

«On s'amuse de moins en moins dans le sport de haut niveau. Les juniors sont déjà sous contrat. Les stars, souvent trop payées, ne sont plus pardonnées en cas d'échec. Les organisateurs prient pour que leur événement soit épargné par des problèmes de

1. *L'Équipe magazine*, 1er novembre 2008, p. 6.

sécurité, alors que le stade devient un lieu de moins en moins accessible et fréquentable pour le bon père de famille et ses enfants. »

Dans deux ans, « aux Jeux de Londres, peu importe que le feu d'artifice de la cérémonie d'ouverture soit moins beau qu'à Pékin. Je souhaite même que les organisateurs n'aient pas les moyens de surenchérir dans la démesure. Messieurs les Anglais, tirez vos pétards, mais n'essayez pas de faire plus haut et plus fort que le bang des Chinois ! Mettez plutôt en avant vos valeurs traditionnelles : honneur, dignité, fair-play, flegme... Avec un brin de rock et de pop pour la fantaisie ! Replacez l'athlète et son sport au centre de vos préoccupations. Plutôt que d'être obsédés par le rendement, le rendement, toujours le rendement, aidez le sport de haut niveau à redécouvrir la beauté du geste, l'acte gratuit ».

Oui, nous, les athlètes, sommes un produit de rentabilité, sans plus – enfin, un peu plus ! Avec, en sus, ce grain d'incertitude qui fait que tout n'est pas arithmétique. On ne sait pas toujours qui va gagner et de quelle manière.

Le sportif est exposé, vulnérable, il maîtrise rarement son destin. Le CIO est au sport ce que le Vatican est au christianisme. On érige les athlètes en garants de la bonne conscience collective. On en arrive à amputer leur carrière d'une possible médaille olympique pour un boycott décidé sans leur avis.

Pour justifier, entre autres considérations d'équité – mais c'est un autre débat –, les nombreux contrôles dont nous faisons l'objet, on nous assure protéger la santé de l'athlète. Soit. Il faut savoir déjà que de nombreux produits, médicaments, sont consommés par toute la population avec la plus grande facilité et en toute légalité. C'est important à souligner car VOUS n'avez pas le droit de nous juger comme certains se le permettent, sans aucun respect. Il est indécent de maintenir le sportif dans la présomption de culpabilité.

Ce qu'il faut, c'est observer scrupuleusement l'organisation des sports dans leur globalité : réduire les risques dans des parcours dangereux, diminuer les distances et par conséquent le nombre d'heures d'effort en course. Car c'est en priorité la préservation de l'organisme qu'il faut considérer. Spectacle plus court, repos plus long, le moteur est économisé.

Paris-Nice est une épreuve par étapes qui ouvre la saison en France. En plus d'une semaine, deux étapes seulement affichent moins de 200 kilomètres au programme alors que l'on sait pertinemment qu'au mois de mars, celui des giboulées, le risque de pédaler sous les intempéries est grand. Plus de cinq heures dans le froid, sous la pluie, avec le vent du nord – et parfois la neige ou la grêle –, je ne vous raconte pas ! Que fait-on de la santé de l'athlète ?

On pourrait évoquer encore les régimes draconiens que s'imposent, quelques heures avant leurs tournois, les champions des sports de combat dont la catégorie dépend de leur poids. Insensé. Une folie contraire à toute logique de performance. Folles pratiques...

Plaidoyer en faveur du cyclisme.
Un tour de reconnaissance !

Aujourd'hui, je ne cours plus deux semaines de suite et ne fais plus les tours nationaux. Par rapport à ce qu'on demande aujourd'hui à un coureur, je suis consciente de faire, tout de même, des choses « allégées » : 100 à 120 kilomètres maximum par jour. Si j'arrivais à m'entraîner sur 140 kilomètres, c'est que c'était faisable et que je pouvais y arriver. J'ai toujours été contre les longues distances, c'est toujours ça de moins à récupérer dans une journée. C'est un tout, l'organisme seul ne peut pas tout faire. C'est le système financier qui commande le déroulement des spectacles sportifs. Ceci est vrai pour tous les sports.

Plus vous laissez votre organisme se reposer, plus vous avez la chance d'y arriver sans dopage parce que vous ne l'épuisez pas à bloc, vous gardez des réserves et rechargez les accumulateurs. Je n'ai pas de regard critique sur les sportifs pris dans des affaires de dopage. Notre système médiatique français est mauvais, je l'ai dit : on a tendance à se flageller. On est toujours en train de dire qu'on n'est pas bons. Notre autocritique est supérieure aux autres. Elle n'est ni motivante ni valorisante. Je dirais même limite dégradante par rapport aux autres pays et pour le cyclisme par rapport aux autres disciplines ; je n'aime pas le « lavage plus blanc », c'est plus qu'il n'en fallait en France ! Tout ce lavage de linge sale en public n'est pas bon et l'image du cyclisme en a pris un sérieux coup. Je défends toujours les cyclistes, malgré tout. C'est un sport d'effort formidable. Les gars sont courageux. Il faut aller à l'entraînement et courir par tous les temps. Nous, on ne nous annule pas les courses quand il fait mauvais. À Pékin, on courait sous un déluge froid, de l'eau jusqu'au pédalier. Je pense que le sport cycliste reste toujours un modèle de courage et de volonté. On n'a pas mis assez en avant les qualités du cycliste. Maintenant, cyclisme égale dopage. C'est vraiment simpliste : raccourci facile. Mon regard est bienveillant. Dans tous les milieux, le mauvais est partout. Que dire alors dans les milieux financiers ?

Toutes ces affaires de dopage, c'est bien facile ! Comme on l'a dit, la fédération de cyclisme n'a pas un poids financier extraordinaire. Il est donc aisé de concentrer tous les feux de la honte sur notre sport. Et puis il y a de l'omerta. Bien des affaires sont étouffées dans d'autres disciplines. Je ne pense pas qu'il y ait plus de dopage dans le cyclisme que dans d'autres sports.

Le cyclisme est un sport qui, en effet, est extrêmement dur. Mais, du strict point de vue de la préparation, il n'est pas plus dur qu'un autre sport de haut niveau. Justement, je venais du ski alpin et je connaissais la charge du travail d'un skieur pour faire une minute de course, c'est énorme. Ils font des entraînements, au beau milieu de l'été, en musculation, sur le terrain. En hiver, souvent, il ne fait pas beau, on a les mains gelées, on a la neige qui brûle le visage. On fait des passages pendant plusieurs heures par – 20 °C. Donc, ce n'est pas comparable mais tout aussi difficile. En descente, par exemple, vous avez les jambes qui cuisent, les cuisses qui brûlent... Ce n'est pas la douleur physique du vélo quand vous essayez de vous accrocher. Ce n'est pas pareil.

Pour un sportif de haut niveau, l'entraînement et la préparation sont durs de toute façon. C'est vrai que c'est dur quand on est en perdition, quand on est attaqué, quand on est moins bon, quand on est obligé de s'accrocher, quand on a le cœur en zone rouge et quand on a mal partout. Mais je suis arrivée en bas d'un slalom géant complètement « détruite ». Un slalom géant, à l'époque, c'était l'équivalent de l'épreuve du kilomètre arrêté à vélo. À la fin, on ne faisait plus un mètre de plus ; quand on arrivait, on se couchait.

Le cyclisme est quand même agréable parce que, déjà, lorsque vous êtes dans un pays, c'est le seul sport qui vous permet de le découvrir. Les nageuses quand elles vont dans une ville, elles vont dans un bassin, font leurs 500 mètres et repartent en avion. Nous, on a la chance d'avoir un moyen de locomotion. Il y a peu, en Bourgogne, j'ai fait une course contre la montre par équipe : après je suis montée jusqu'à l'église Sainte-Urse. J'ai fait toute la vieille ville pavée. Je suis allée voir le musée Buffon à Montbard. J'ai un côté découverte, je ne suis pas la tête dans le sac, je n'ai pas d'œillères. J'ai fait le Tour de Colombie. On a traversé des villages, on était concentrées (car des gens et des chiens coupaient notre route), on a passé des cols à 4000 mètres. On nous jetait des pétales de fleurs. Le cyclisme est un sport qui permet une découverte géographique. C'est pour ça que j'ai duré trente ans. Imaginez que je me dise que le boulot c'est la galère, qu'il va falloir aller là-bas... Je sais ouvrir les yeux et voir le bon côté des choses.

Je suis allée me préparer au Colorado avant les jeux Olympiques, avant les grandes épreuves des championnats du monde. Je vais souvent en altitude au Colorado faire deux à trois semaines de préparation, en Californie aussi. Là où il y a de l'altitude. Je m'entraîne pour mon plaisir. Je suis heureuse. Ce qui me rend heureuse, ce n'est pas le fait d'en baver une heure et demie quand je fais une course de préparation contre la montre ou des intervalles... quoique.

On prend pas mal de plaisir quand on est en forme. Une course parfaite n'existe pas, mais tactiquement quand on a fait le bon choix, quand ça se passe bien, évidemment qu'on peut avoir un gros plaisir. Après une course où on n'était pas vraiment bien et qu'on a réussi à remporter, c'est du soulagement. On a davantage de plaisir quand on a réussi une belle course. C'est pour ça d'ailleurs que ma carrière a été longue. On en parle souvent avec mon mari. Il y a ceux pour qui les entraînements sont une véritable contrainte. Leur carrière est une épreuve. C'est presque du travail et il n'y a que le résultat qui leur donne du plaisir. Alors que, moi, j'ai plaisir à faire cet effort-là même s'il y a des jours où j'ai mal. Récemment, il faisait un temps magnifique, nous sommes allés faire trois heures de vélo alors que certains arrêtent complètement parce que c'est le moment d'arrêter. On était tranquilles en dessous du Vercors. Les couleurs étaient formidables, il n'y avait pas un chat, rien, pas un bruit de moteur.

Pour aller plus vite, c'est une technique physiologique ; il faut pouvoir, en plein effort, parvenir à un relâchement musculaire de quelques instants. Réussir à relâcher certains muscles, parvenir à établir des déconnexions nerveuses pour aller ailleurs, faire fuir la douleur pendant une fraction de seconde. J'ai découvert tout ça en faisant de l'introspection. C'est un savoir du corps. Je pense que nous ne sommes pas nombreux à pouvoir le faire. J'ai lu que des chercheurs l'enseignaient à la nageuse américaine Torres. Par exemple en ski, Bode Miller, entre deux portes, vous le voyez debout : c'est le seul capable d'avoir ce relâchement complet. Patrice, de la même façon, avait trouvé cette technique, à son époque, déjà. Je l'avais pris en photo, les bras ouverts et les jambes dépliées. Un jour de championnat, l'encourageant sur le bord, j'ai surpris l'air dubitatif de son entraîneur national, et cette réflexion : « Il n'avance pas, Ciprelli. » En bas, il signait le meilleur temps. Ce sont les petits trucs qui font la différence grâce à la connaissance du corps.

Il ne faut jamais se satisfaire de ce qu'on a, et savoir puiser dans ses réserves ; voilà l'une des leçons du cyclisme. Il faut encore apprécier la victoire mais avoir le triomphe modeste. On commence toujours avec des petites victoires. Et des grandes défaites. Il faut savoir cibler des objectifs, graduellement... Ne pas se contenter des seules victoires à son niveau. Cependant, ce serait une erreur de « viser » trop haut. Il est essentiel aussi de revenir courir à son niveau pour renouer avec le succès et le contentement.

Je ne suis pas sûre de transmettre de l'énergie aux gens, peut-être bien... En tant que spectatrice, quand je suis prise par un événement et que je veux que quelqu'un gagne, c'est de la joie pure que je ressens. Quand je suis supportrice, c'est assez simple, je recherche juste cette joie première. Je m'amuse en encourageant.

Au début de ma carrière, évidemment, je gagnais plus qu'aujourd'hui, et, pour le public, c'était vraiment la France qui gagnait. Comme quand on regarde le football, on est content. J'avais le maillot jaune. « Vas-y, Longo ! », parce que, Longo, là, c'était la France. C'était du support ! Maintenant, ils m'admirent parce que je continue malgré mes 51 ans.

Être champion, c'est une démarche intellectuelle. Ce qui a fait la longueur de ma carrière, c'est la réflexion – menée avec Patrice. Les recherches techniques que nous avons pu faire... C'est ce qui me permet de continuer aujourd'hui : voir ce qu'on peut faire à plus de 50 ans. Qu'est-ce qu'on fait avec les restes ? Du hachis Parmentier ou du pain perdu ?

Quotidiennement je fais du bénévolat, c'est ma restitution à la société pour ce qu'elle m'a apporté. Je ne profite pas de ma notoriété, j'en fais profiter les autres. C'est ma reconnaissance. J'ai eu de la chance, j'ai gagné, j'ai une carrière longue. J'ai eu un environnement favorable. Je dois rendre tout ça. C'est mon petit Téléthon journalier. Si je peux faire sourire quelqu'un, remonter le moral à un autre, ça me fait plaisir. Au vrai, c'est ce que je fais avec mon père. Faire tout pour que ça soit le mieux possible pour lui, l'encourager à continuer à vivre. Vivre, voilà !

Réquisitoire en forme de dialogue

« Tu as un métier à temps complet. C'est la belle vie, quand même. Voyages, rencontres... Peut-on appeler ça un labeur ?

– Mon activité cycliste m'a procuré des joies, des émotions et a favorisé des échanges extraordinaires. Mais j'ai connu aussi des moments redoutables, difficiles, physiquement comme moralement, et qui laissent sans force. Se rendre au bureau quotidiennement semble demander moins d'énergie. Cependant, je n'aurais pas pu, je pense, exercer le même métier durablement, sauf à décider mes horaires et choisir mes diverses orientations. Aujourd'hui, j'estime que je suis en préretraite. Je "touche" à quelques activités qui me plaisent car elles requièrent mon sens du contact.

J'anime des conférences-débats qui donnent lieu à des échanges avec le public. Je conseille des athlètes – pas obligatoirement des cyclistes –, je réalise avec eux un travail de "profilage" : au cours de plusieurs rencontres, je tente de cerner la personnalité, les atouts et les failles de celui ou celle qui ambitionne les sommets. Je l'oriente vers différents créneaux d'actions et de réflexion sans jamais interférer dans son entraînement et sa discipline. C'est, encore là, l'analyse et la recherche qui m'intéressent.

– Un triomphe à deux ? Soit, mais, en attendant, c'est toi qui pédales. Pour finir, tu es seule sur ton vélo même si les oreillettes ont modifié la donne.

– C'est plus fort que cela encore. Nous étions *un*. J'ai été seule des mois, des jours durant mais tout ce que je pensais, tous mes agissements passaient au travers de *lui*. Absent physiquement, il me dirigeait, m'orientait, me soutenait cependant. Je l'orientais, je le soutenais aussi, je le sais. Avec les oreillettes, des situations furent "remarquables" : je réfléchissais à une manœuvre tactique à effectuer sur-le-champ et, à l'instant même, Patrice me lançait une information identique à la radio. Connivence totale. Désormais, nous sommes plutôt un + un, et cette conception moderne et égoïste du couple me demande un gros effort d'adaptation.

– Tu deviens plus relaxe. Le résultat n'a pas d'importance. Ne serais-tu pas en train de nous endormir ?

– Hum... L'an dernier, si j'avais possédé cette hargne de championne, j'aurais conservé mes deux titres de championne de France. Gagner ou perdre, ce n'est plus grave sauf quand je perds. Je rumine encore certains échecs pendant des jours. Quant à la décontraction, je suis toujours aussi tendue, plus même, mais ce n'est pas pareil. La tension et la concentration, lorsque je ne pouvais que gagner – sûre de mes capacités et tendue par l'enjeu –, ne sont pas les mêmes que celles d'une “mamie qui aurait mieux fait de raccrocher parce qu'elle n'a plus rien à prouver”. Peu d'enjeux avec quelques qualités atténuées ! Il faut dire aussi que, entre le ski et le vélo, je n'ai pas choisi les sports les moins risqués et, depuis mon enfance, je prends les départs avec l'appréhension de la chute et de la douleur.

– Tu affirmes à toutes les pages que tu es l'antisystème. Tu affirmes encore ton indépendance vis-à-vis des médias. Ne crois-tu pas qu'en acceptant tous ces reportages, ces émissions, en bref ce vedettariat pour la sortie de ton livre, tu tombes totalement dans le système de promotion classique ?

– J'en ai conscience et n'en suis pas heureuse. Tout le monde écrit, n'est-ce pas ? Penser que son histoire va intéresser me semble vaniteux. La vente du livre n'est pas mon affaire. Mais, n'étant pas une fumiste et par respect et par amitié pour tous ceux qui ont participé à l'ouvrage, je vais faire en sorte que ce soit une réussite. Le plus dur reste à faire. Comme pour ma démarche sportive, la finalité me donne moins de satisfaction que les actions menées pour y parvenir. L'écriture de ce livre m'a fait du bien. J'ai réfléchi sur ma carrière, replacé mes idées, analysé mon présent. La promotion prend un peu la même dimension que la compétition ; un passage obligé pour justifier tout le travail en aval qui n'a pas été fait pour rien. Je vais faire mon bilan éthique comme Yann Arthus-Bertrand avec son "bilan carbone" en fin d'émission : une heure de survol du désert en hélico et hop ! il soutient le projet d'un four solaire au Pérou pour se racheter. Je vous assure que, en compensation de tout ce battage médiatique, une partie de mes droits d'auteur iront alimenter les associations qui œuvrent pour les plus malheureux (Secours populaire, SPA, aide de proximité).

– Quand même, tout cela semble un peu "cotonneux", zen ! Aurais-tu écrit de la même façon il y a vingt ans ?

– Non, évidemment, et c'est logique. À cette époque, je me sentais très seule. On me traitait de parano. Je l'étais un peu car tout ce que je faisais était observé, commenté. On m'imaginait sans faille, en béton armé, donc on pouvait taper, marteler.

Je demeurais timide. Vous donnez des coups de pied à un berger allemand puis vous dites : « Tiens, il est méchant. » Les concurrentes, qui d'ailleurs ne le sont pratiquement plus pour moi, me semblent plus abordables. C'est avec plaisir que j'ai avec elles, à la fin des épreuves, des conversations – non seulement sur la course, mais encore sur leur vie, leur travail, leurs problèmes. Ma carrière continue dans la richesse des échanges. »

Si vous avez lu tout ce qui précède, bien évidemment, et si vous me complimentez sur mes écrits, vous allez me faire très plaisir. Il est toujours agréable d'être congratulé. Mais je ne pourrai pas m'empêcher de penser que vous me flattez. C'est de la méfiance, peut-être, due à mon vécu De l'autocritique, surtout. Je me suis appliquée, j'ai passé du temps, j'ai voulu faire au mieux, mais je voudrais être bien meilleure. N'hésitez pas à me dire que ce livre est bon parce que je ne le croirai pas mais je serai contente. C'est là ma façon d'avancer pour tout, « en tout ». Je réalise un parcours sans concession, jalonné de résultats lancés comme des compliments. Cela remplace le doute par un fugace optimisme qui me désigne un chemin nouveau, évidemment en dévers, plein de cailloux et de racines mouillées – ce que je redoutais en vélo tout-terrain !...

Palmarès et distinctions de Jeannie Longo

Jeux Olympiques

• Médaille d'or de cyclisme sur route en 1996

• Médaille d'argent de cyclisme sur route (contre-la-montre) en 1996

• Médaille d'argent de cyclisme sur route en 1992

• Médaille de bronze de cyclisme sur route (contre-la-montre) en 2000

• Participation : 1984, 1988, 1992, 1996, 2000, 2004, 2008

Championnats du monde

• Championne du monde sur route en 1985, 1986, 1987, 1989, 1995

• Championne du monde contre-la-montre sur route en 1995, 1996, 1997, 2001

• Championne du monde de cyclisme sur piste (poursuite) en 1986, 1988, 1989

• Championne du monde de cyclisme sur piste (course aux points) en 1989

• 4 médailles d'argent de cyclisme sur route en 1981, 1992 (contre-la-montre par équipe), 1993, 2000 (contre-la-montre)

• 3 médailles d'argent de cyclisme sur piste en 1984, 1985, 1987

• 1 médaille d'argent de VTT en 1993

• 1 médaille d'argent sur route en 1993

• 2 médailles de bronze de cyclisme sur route en 1994, 2001

• 3 médailles de bronze de cyclisme sur piste en 1981, 1982, 1983

Championnats de France

• 56 titres de championne de France (1er titre sur route en 1979 et 56e titre en 2009 aux championnats de France du contre-la-montre)

• Championne d'Île-de-France : poursuite, course aux points, route : 1992 à 1996

• Championne du Dauphiné-Savoie : route, vitesse, poursuite, course aux points : 1977 à 1989

Palmarès

Voici un récapitulatif complet de ses titres de championne de France : le numéro correspond à son nombre de succès. Par exemple, pour l'année 2008, elle a remporté son 20e titre de championne de France de la course en ligne.

DISCIPLINES

	Route			*Piste*	
	Course en ligne	Contre-la-montre	Contre-la-montre par équipe	Poursuite	Course aux points
1979	1				
1980	2			1	
1981	3			2	
1982	4			3	
1983	5			4	
1984	6			5	
1985	7			6	
1986	8			7	1
1987	9			8	2
1988	10			9	3
1989	11			10	4
1990					
1991					
1992	12			11	5
1993			1		
1994			2	12	
1995	13	1	3		
1996					
1997					
1998	14			13	
1999	15	2		14	
2000	16	3			
2001	17	4			
2002		5			6
2003		6			
2004	18				
2005				15	
2006	19	7			7
2007					
2008	20	8		16	
2009		9			

Tour de France féminin

• Vainqueur en 1987, 1988, 1989

• 2e en 1985, 1986, 1992, 1995

• 3e en 1996

• Vainqueur du classement par points en 1985, 1986, 1987, 1988

• Vainqueur du grand prix de la montagne en 1989

Divers

• 38 records du monde dont le record du monde de l'heure en plein air (+ 600 mètres) en 45,094 kilomètres (Mexico, 2000), celui au niveau de la mer et celui sur piste couverte. Rajouter ceux des 3, 5, 10 et 20 kilomètres en cours de course, ainsi que la meilleure performance mondiale de l'heure à Mexico en 1996 : 48,159 kilomètres (avec vélo cadre plongeant : record homologué et remplacé ensuite par la meilleure performance mondiale).

• Super Prestige Pernod : 1985, 1986, 1987

• Champion de l'année *L'Équipe* : 1987

• Champion des champions Antenne 2 : 1987

• Sportif européen de l'année : 1989

• Sportive du siècle : 2000

• Guidon d'or : 2000

• Prix spécial du Mendrisio d'Oro : 1997

Distinctions

- Chevalier de l'ordre de la Légion d'honneur en 1986
- Officier de l'ordre de la Légion d'honneur en 1996
- Commandeur de l'Ordre national du Mérite en 2000
- Médaille du Mérite et du dévouement français en 2002
- Médaille d'or de la Jeunesse et des Sports
- Citoyenne d'honneur du Texas
- Médaille du Mérite sportif de Côte-d'Ivoire
- Chevalier du Mérite colombien

À l'étranger

- North End Classic – Yuma (Arizona) : 2004
- Championnat du Minnesota de contre-la-montre : 2004
- Championnat de Californie de contre-la-montre : 2003
- San Jacinto Classic (Californie) : 2003
- College Grove Championnat du Tennessee (contre-la-montre) : 2002
- Colossal Cave road race (Arizona) : 2002
- Congress to Yarnell (Arizona) : 2002
- Tour de Tucson Mountains (Arizona) : 2002
- Tour de Tucson (Arizona) : 2001, 2002
- North End Classic (Arizona) : 2001
- Championnat d'Arizona de course de côte : 2001
- Kitt Peak (Arizona) : 2001

- Tumacacori (Arizona) : 2001
- Vuelta de Bisbee (Arizona) : 2000
- Sear may Classic (Colorado) : 2000
- Killington stage race (Vermont) : 2000
- Platte Bridge Casper (Wyoming) : 1998
- Tour de Los Alamos (Nouveau-Mexique) : 1998
- Tour de Gila (Nouveau-Mexique) : 1998, 1re femme
- Red River Classic : 1996
- Tour du canton de Zurich : 1994
- Ore-Ida : 1991
- Coors Classic (Tour du Colorado) : 1981, 1985, 1986, 1987 (2e : 1982, 1984)
- Tour de Colombie : 1987, 1988
- Tour de Norvège : 1987 (2e : 1983, 1985)
- Tour du Texas : 1984, 1985
- Texas Cup : 1987
- Six Jours de Saint-Ambroix : 1985 (2e : 1986)
- Trois Jours de Dompaire : 1983
- Six Heures de San Sebastian (poursuite) : 1983
- Meilleur grimpeur du Tour de l'Idaho : 2001

En France

- Vainqueur de la Coupe de France féminine : 2004
- Ladies Berry Classics : 2008
- Chrono d'Au-Thônes : 2007
- Grand prix de Metz-Tessy : 2002, 2006, 2007, 2009
- Montée du Ventoux : 2005
- Coupe de France : 2004

• Trophée des grimpeurs : 2001, 2004, 2007, 2008, 2009

• Finale de Coupe de France (Chrono des Herbiers) : 2000

• Tour du lac de Paladru (contre-la-montre) : 1998

• Trophée d'or : 1997

• Grimpée de l'Alpe-d'Huez : 1997, 2003, 2004 (et record)

• Tour du pays de Conques : 1996, 1997

• Grand prix des nations : 1996, 1997 (3e : 2003, 2009)

• Coupe de France de VTT : 1995

• Tour du Pays basque : 1995

• Tour du Finistère : 1993, 1995

• Grand prix de Hyères : 1992

• Ronde de l'Isère : 1992

• Tour de l'Aire urbaine : 1992

• Tour du canton de Perreux : 1992

• Tour de Vendée : 1988, 1989, 1993 (2e : 1996)

• Étoile vosgienne : 1988, 1989, 1993 (2e : 1996)

• Tour de l'Aude : 1988, 1993

• Tour de l'Oise : 1988

• Grand prix international d'Avignon : 1988

• Critérium national : 1988

• Chrono des Herbiers : 1987, 1992, 1995, 2000, 2009

• Tour de la Drôme : 1986, 1987, 1988, 1989, 1995

• Critérium des as : 1984, 1986, 1987, 1989

• Quatre Jours du Havre : 1981, 1982

• Tour du lac d'Annecy: 1981, 1982, 1983, 1984 (contre-la-montre)

• Six Jours de Bagnols-sur-Cèze: 1988

• Six Jours de Paris: 1987

• Six Jours de Grenoble: 1984, 1986, 1987, 1988 (avec Cécile Odin)

• Omnium féminin France-Suisse: 1986

Places d'honneur

• 2e du championnat de France sur route: 1996, 2007

• 2e du championnat de France sur route contre-la-montre: 2004, 2007

• 2e du Chrono champenois: 2005

• 2e du GPFI du Québec: 2000

• 2e du Grand prix des nations: 1999

• 2e du Grand prix de Montréal (World Cup): 1998

• 2e du Tour de Majorque: 1997

• 2e du Tour de Norvège: 1983, 1985

• 2e des Universiades d'Edmonton sur route: 1983 (3e en contre-la-montre)

• 2e du Tour du Colorado: 1982, 1984

• 3e du Tour du Salvador: 2007

• 3e du Grand prix des nations: 2003

• 3e du Tour de l'Aude: 1987

• 4e du contre-la-montre individuel aux jeux Olympiques de Pékin: 2008 (à 1"63 du podium)

• 7e du contre-la-montre des championnats du monde: 2007

• 10e du contre-la-montre des championnats du monde : 2009 (à 51 ans)

Plus

Ski

• Championne d'Europe par équipe cadette scolaire : 1973

• Championne de France scolaire cadette : 1975 (licenciée au ski-club de Saint-Gervais)

• Championne universitaire de descente : 1979

• Championne universitaire de slalom : 1979

• Championne universitaire de géant : 1979

• Championne du monde des citadines : 1982

• 2e du championnat de France cadette scolaire : 1974

• 5e du championnat de France de slalom : 1982 (1re : Perrine Pelen)

Autres disciplines

• Championne départementale junior du lancer de disque : 1975

• Championne départementale de cross : 1976

• Championne départementale de 800 mètres : 1976

Table

J'aime réfléchir, me poser et regarder la mer ... 9
Mon caractère a fait la légende 13
Cycliste : mon métier à temps complet 23
Haute enfance 33
Un triomphe à deux 41
La course, aujourd'hui... 51
Le déclic. Échec et gagne ! 63
Bannie de la fédération 75
De la discipline et de la liberté 89
Top secret 97
Avoir un patron : ce n'est pas pour moi ! 107
Les médias et moi : fausse image 111
Une gamine, toujours une gamine... 125
État de survie... État limite... 129
Un certain complexe... 135
« Continuez à nous faire rêver » 139

Le vélo féminin (en particulier), le sport (en général) et le fric ! Folles pratiques 143
Plaidoyer en faveur du cyclisme. Un tour de reconnaissance ! 151
Réquisitoire en forme de dialogue 161
Palmarès et distinctions de Jeannie Longo 169

Mis en pages par DV Arts Graphiques à La Rochelle
Imprimé en France par CPI Firmin Didot
Dépôt légal : avril 2010
N° d'édition : 1539 – N° d'impression : 99716
ISBN : 978-2-7491-1539-9